Cunningham's Encyclopedia of
Crystal, Gem & Metal Magic

願いを叶える 魔法のパワーアイテム事典

113のパワーストーンと
16のメタルが生み出す地球の力

スコット・カニンガム 著
訳：白井美代子

by Scott Cunningham

CUNNINGHAM'S ENCYCLOPEDIA OF CRYSTAL, GEM & METAL MAGIC
Copyright © 1988 Scott Cunningham and
© 2002 Scott Cunningham estate
Interior photography by Llewellyn Worldwide

Published by Llewellyn Publications
Woodbury, MN 55125 USA
www.llewellyn.com
through Japan UNI Agency, Inc., Tokyo

石は地球からの贈り物です。現在、過去、未来のすべてのものを創造した神々と自然の力を体現するものです。

　海岸に転がっている丸い小石や、何気なく身につけている指輪やネックレス、そして何も考えず通り過ぎていた道端の石にも、実はそれぞれエネルギーが宿っているのです。それらは人生に愛をもたらしたり、金運をよくしたり、あるいはビジネスを成功へと導いてくれるかもしれません。

　石などの自然物に秘められたパワーは、すべての人間が自由に使える宝物です。本書で提案する知識を基に、この貴重な地球の恵みをより良い人生のために生かしてください。

　目的に合わせて組み合わせるのもよいでしょう。それらはあなただけのパワーアイテムとなって、あなたが本当に必要とするものを与えてくれるに違いありません。

トルマリンのすばらしさや岩石採集の楽しさ、さまざまな石が与えてくれる喜びを教えてくれたロバート・トンプソンに、本書を捧げます。

Cunningham's Encyclopedia of Crystal, Gem & Metal Magic

CONTENTS

はじめに …………………………………………………… 10

パート1　始まりと魔法

第1章　すべての石にはパワーがある ………………… 14

第2章　魔法とは変化をもたらすこと …………………… 17
　　　　3つの条件 …… 必要性／感情／知識
　　　　魔法の理念 ……… 自分が実践する
　　　　実践の準備 ……… 視覚化／石へのチャージ／石の祭壇

第3章　石には陽と陰のエネルギーがある ……………… 24
　　　　陽の石 ……… 負のエネルギーを撃退しパワーをチャージする
　　　　陰の石 ……… 霊性や知性を高め、潜在意識を活性化させる

第4章　色に秘められた魔力 …………………………… 28
　　　　石のヒーリングとは
　　　　色が持つ魔法特性の解説

第5章　形状に秘められた魔力 ………………………… 35
　　　　形状が持つ魔法特性の解説

第6章　石の入手 ………………………………………… 40
　　　　石を買う／物々交換をする／石を採集する

第7章　石の浄化 …………………………………………… 47
　　　1．太陽の光を使った浄化法
　　　2．流れる水を使った浄化法
　　　3．大地の力を使った浄化法
　　　4．自宅で行う浄化法（4大元素を使えない場合）

第8章　石に秘められたストーリー ……………………… 50
　　　石の声を聞く手順

第9章　石の占い ………………………………………… 55
　　　偶然が未来を決める
　　　スクライング／50の石を使った占い／石の色による占い

第10章　石のタロット …………………………………… 65
　　　石のタロットの実践
　　　大アルカナの構成要素と対応する石
　　　構成するシンボルと暗示する意味
　　　レイアウト ……… 3つの石／ペンタグラム（五芒星形）

第11章　装身具に秘められた魔力 ……………………… 73
　　　指輪 …………… 永遠、結合、輪廻、宇宙の象徴
　　　ネックレス ……… ウイッカでは生まれ変わりと女神を象徴する
　　　イヤリング ……… 元来耳を守るためのもの

第12章　身近な石を使った魔法 ………………… 77
　◎ 守護 ……………… 5つの小石／渡河
　◎ 防御 ……………… 夜間のお守り
　◎ 占い ……………… 井戸／黒と白
　◎ 金運と繁栄 ……… 新年の石
　◎ 幸運 ……………… 塀の上
　◎ 愛 ………………… 石の愛
　◎ パワー …………… パワーのケルン
　◎ モノや人を引きつける
　◎ 消去

パート2　魔法と伝承

魔法に使うパワーストーンの事典 ……………………… 84

パート3　メタル(金属)の魔法

魔法に使うメタル(金属)の事典 ………………………… 206

 パート4　補足情報

パート2の分類リスト ……………………………………………… 242

- エネルギー……… 陽性／陰性
- 支配惑星………… 太陽／月／水星／金星／火星／木星／土星／海王星／冥王星
- 支配元素………… 土／風／火／水／アーカーシャ
- 魔法の目的 ……… 幽体離脱／美容／ビジネスの成功／センタリング／出産／勇気／防御／ダイエット／占い・予知／夢／雄弁／友情／ギャンブル／ガーデニング／グラウンディング／幸福／ヒーリング・健康／長寿／恋愛／幸運／魔力／瞑想／精神力／金運・富・繁栄・裕福／悪夢よけ／平和／肉体的エネルギー／体力／守護／サイキズム／浄化／和解／性的エネルギー／安眠／霊性／成功／旅行／知恵

代用となる石のリスト

誕生石

用語集 ……………………………………………………………… 276
参考文献 …………………………………………………………… 282

> 巻末付録
> 100のパワーストーン／メタル

はじめに

　石やメタルは地球からの贈り物です。アメジストは平和をもたらし、クォーツ（石英）は力を与え、シルバーはふだん自覚していない無意識の領域、すなわち潜在意識を刺激します。
　遠い先史時代から科学技術の発達した現代に至るまで、私たちは石に美や力や神秘的な資質を見いだしてきました。ハーブと同じように石やメタルにも固有のエネルギーがあり、私たちはこのパワーを使って自分自身や人生を変えることができます。

　石の魔法は太古の昔に生まれました。人類の祖先が身近な石の中にある種の力が秘められているのを感じたとき、その歴史は始まりました。おそらく最初は、よくないものや〝邪悪〟なものを撃退する護符（アミュレット）として使われたのでしょう。それから次第に石そのものが神として崇拝されたり、あるいは神への捧げ物とされたり、神の恵みと豊穣を願って土の中に埋められたりするようになりました。石は宗教や儀式、魔法にとって欠かせない一部として、人間とともに歩んできたのです。
　近代以降、石の魔法は忘れられていく一方でした。世代から世代へと古い魔法を伝えてきた閉鎖的な村社会が、産業革命とふたつの世界大戦を経てすっかり崩壊してしまったからです。
　ところが最近になって、石やメタルの持つ魔法のパワーを見直す機運が高まってきました。それも歴史上類を見ないような急激な盛り上がりです。おそらくこれはハーブの魔法を使う人が増えているように、マイクロチップに支配される現代の生活に人々が満足していない証といえるでしょう。

何か大事なものが欠けている……と、誰もが感じていたのです。

　私はシャーマニズムと魔法の世界を16年間探究してきて、人間という存在のあらゆる側面を魔法が支配していた時代があったと確信するようになりました。けれども何世紀も時を経るうちに私たちはその英知のほとんどを失い、ごくわずかばかりの知識が残るだけになってしまいました。
　魔法に興味がない人でも、誕生石を身につけると幸運が訪れるとか、パールは花嫁に涙をもたらすとか、ホープダイヤモンドは呪われているといった話を信じていたりします。理屈ではなく、ただ無意識に受け入れているのです。
　これはいったいなぜなのでしょう。その理由は、石の持つ神秘的なパワーを誰もが疑わなかった時代までさかのぼれば分かります。当時の石の使われ方が、おのずと語っているのです。
　色や植物といった自然界に存在するさまざまな事物と同様、石は変化を起こしたいと願う私たちを助けてくれる魔法の道具です。魔法の本質は変容であり、石は自らの持つパワーを貸し与えるとともに、私たちが自身のエネルギーを利用する際の焦点としても働いて、この変容を可能にしてくれます。

　何世紀にもわたる抑圧的な宗教体制と極端な物質主義を経て、母なる地球とのつながりが希薄になってしまっていることに、私たちはようやく気づきはじめました。そして今、政府高官や企業の幹部たちは自分たちの未来の方向性を知ろうと、黒いベルベットの上に色とりどりの宝石を投げたり、潜在意識を覚醒させようと眉間にムーンストーンやアジュライトを当てたり、あるいは学生たちは勉強に集中できるように水晶を身につけていたりします。石の力に助けを求めようとする人々に、いにしえの英知への道が再び開かれたのです。
　私たちが人間としての可能性を切り開いていきたいと願うとき、石とメタルはその鍵となります。意識の領域を広げ、生活を豊かにし、ストレスを静め、夜の眠りに癒しのエネルギーを送り込んでくれます。

こうした効果は石の力ではなく心の持ちようだと言う人もいますし、もちろんそういう部分もあるでしょう。それは魔法を実践する人々も認めています。けれども魔法の儀式に石を使うとき、地球とつながって生きている人間という存在を思うとき、やはり石の力を認めずにはいられません。
　石の魔法は本当にあるのです。たしかな効果を持っています。それを知るには試してみることです。

　魔法といっても、科学技術に背を向けるものではありません。私は電気をはじめ今という時代の恩恵を存分に享受しています。
　ただ現代のめまぐるしい生活のなかでうまくやっていくためにはそれなりの調整が必要で、そのことをよく理解して快適に生きていけるように古くからある魔法を使うのです。石や人間、いえそれどころか地球や宇宙そのものも創造した大いなる力！　魔法は私たちをこの力と同調させて、不毛な生活を送る多くの人々に欠けているものを補ってくれます。
　乾いた川床に転がっている石に呼びかけられたような気がするとき、光を反射する結晶に思わず手を伸ばしたくなるとき、指を飾る美しいカットの宝石を見て想像力が生き生きと輝き出すとき、あなたは石に秘められたいにしえの力を感じとっているのです。
　石すなわちパワーストーンを使った魔法世界への扉はいつでも開いています。あなたを待っています。その扉を開くかどうかはあなた次第なのです。

パート1

始まりと魔法

第1章
すべての石にはパワーがある

石は地球からの贈り物
潜在意識の扉を開く鍵である

　月明かりの庭に、女性がひとり立っています。銀色の光を浴び白いスカーフを風になびかせた彼女は、両手で掲げたキラキラ輝く六面体の結晶を見つめ、その不規則で不穏な振動をじっと感じています。
　風がやみ、まわりの松の古木が静まりました。明るさを増した月から降り注ぐ心休まる光を、女性は全身で受け止めています。
　石が鳴りをひそめ、奇妙な振動がいったん止まりかけます。しかしそのあと再び強さを増し、はっきりと脈打つようなエネルギーの波動となって存在感を示します。
　女性が石をさらに高く掲げると、その石のパワーが腕から流れ込み、心地よい電気ショックのように体内を駆けめぐりました。エネルギーを充填され、彼女は力に満ちあふれています。
　一瞬とも永遠とも思える不思議な時間が過ぎると、彼女は石をおろして心を突き動かされるままに額に当てました。目的は達成されたのです。結晶は浄化され、魔法に使う準備ができました。

　石にはさまざまなものがあります。地中深く埋まっているものや地上で太陽や星の光を浴びているもの、地味で目立たないものや色鮮やかなもの、細かい粒子のものや粗い粒子のものなど……。色も青、緑、赤だけでなく、虹の七色では表現しきれない多彩な色が存在します。色や模様のバリエー

ションが豊富なアゲート（メノウ）に、高価な緑の宝石エメラルド、透明な三色トルマリンに不透明な大理石、高貴な紫のスギライトに透明な水晶といった具合です。

　石は地球からの贈り物であり、現在、過去、未来の万物を創造した神々や自然の普遍的な力を体現するものです。

　巨大なエネルギーのネットワークのなかでは、地球はほんの一部にすぎません。けれども誕生した瞬間から母なる地球は独自の波動を発しており、私たちはこのパワーの恩恵を直接、間接に利用して生きています。

　石はいわば、地球のエネルギーを濃縮、貯蔵した魔法の乾電池なのです。それだけでなく、多くの石は太陽系内のほかの天体の影響も受けていますし、少なくともその象徴とされています。さらに遠い星の影響下にあると考えられているものもあります。

　魔法と石は、古代より深い関係にありました。文字が存在しない時代から、動物の形をしたものはその象徴とされ、儀式の中心として使われました。美しく輝く宝石は一万年も昔から、未知なるものに対する防御として身につけられてきましたし、珍しい石、奇妙な形の石、電気や磁気を帯びた石は魔法の道具として使われてきたのです。

　私たちの祖先は、石をこの上なく宗教的あるいは魔力を帯びた形に彫刻しました。また建築材料や、穀物を刈ったり、衣服を作ったり、とげを抜いたり、手術を行ったりする道具として活用し、耐火性のある器が発明されるまでは、石を熱して水に投入し湯を沸かしていました。さらに人の生命を守り、そして生命を奪う武器としても重用してきたのです。石は美しいだけでなく実用的であり、神聖であると同時に世俗的な性質を持つようになったのです。

　長きにわたり人間は、種の存続において多くを石に頼ってきました。出産の痛みを和らげ子孫を残し、自らの安全や健康を守り、そして死者を守るために……。さらに近年では、人間の精神面や外因的事柄に変化をもたらす目的でも使われるようになりました。ムーンストーンは潜在意識を活性化させ、アメジストは怒りを静めます。ペリドットは富を、ローズクォー

ツは愛を引き寄せます。

　今、5000年の歴史を経て石の魔法が再び身近なものとなりつつあります。多くの人々が石の持つパワーに気づきはじめ、石の魔法（自然魔法）を実践することによって、人生をどんどん変えていっています。

　ところで、石の魔法とはいったい何でしょうか？　単なる大地のかけらにすぎないものが、どのようにしてほかの事物に影響を与えることができるのでしょうか？
　石は生気のないただの塊ではありません。ハーブ、色、メタル、数、音などと同じで、ある種のエネルギーを持っています。石は、今後何百万年でも地中に埋まっているでしょうし、棚の上に置いておけば1週間後も変わらず同じ場所にあるでしょう。この静物にエネルギーがあるなんて、とても信じられないかもしれません。けれども石は私たちの世界に影響を与えうる、いえ実際に影響を与えている活発な力を秘めた物体なのです。
　石という地球からの贈り物を使えば、私たちは人生や他人との関係や自分自身をよりよい方向へと変えていけます。安価で入手しやすいものがたくさんありますし、簡単に自分で採集できるものもあります。
　石の魔法はシンプルな理念で構築され、直接的な効果を持っています。石の持つエネルギーを活性化し、特定の目的に影響を与えることが魔法なのです。

　地球の力を秘めた石を活用しようと決めた皆さん！
　パワーストーンとメタルの魔法世界へようこそ！　あなたがその決心を後悔し、後戻りすることは決してないでしょう。

　水で丸く削られた海岸の小石にどんな秘密が隠されているのか。あなたの手や首元を飾る宝石にはどんなエネルギーが脈打っているのか。何気なく踏みつけている石が実は愛をもたらし、あるいは金運を呼び込んでくれるのか。その答えはあなた自身で見つけてください。

第2章
魔法とは変化をもたらすこと

潜在意識が自然のパワーと同調したとき
愛や成功を呼び寄せる魔法が実現する

　色、匂い、形、動き、大地、風、水、火、虫、動物、人間、地球、宇宙など、ありとあらゆるものはエネルギーを持っています。石や結晶やメタルも同じです。そしてこのエネルギーを使って、私たちは魔法を行うことができるのです。

　魔術師、賢女、シャーマン、呪術師、高位の女司祭といった人々は、これらのエネルギーが元をたどればただひとつの源泉から生み出されていることを知っています。この源泉は「女神」「神」「唯一神」「宿命」などさまざまな名前で呼ばれており、各々の呼び名を中核とした無数の宗教や信念が存在します。それらは独自の複雑な行事や儀式、神話を作りあげて、エネルギーの源泉を崇拝しているのです。

　けれども本来このエネルギーの源泉は宗教を超越したもので、理論で説明できるものではありません。エネルギーはただそこにあるもの、万物に備わっているものなのです──私たちの内部にも、地球そのものにも……。

　魔法を実践しているのは、このようなエネルギーの存在に気づいた人々です。彼らはモノに宿るエネルギーを呼び起こして解き放ち、望む方向へと送り出します。

　魔法は、一般に言われているような怪しいものではなく、ごく自然なプロセスです。悪魔や邪悪な生き物とは何の関わりもなく、「堕天使」の助けを借りて行うものでもありません。このような考えは、個人主義を忌み嫌う宗教的な哲学から生まれたものです。ある意味において、魔法とは真の個人主義といえるかもしれません。ひとりひとりの人間が自らの手で人

生を改善し、コントロールすることを可能にするからです。
　では、魔法とは「超自然的」なものなのでしょうか？
　いいえ違います。そんなものは存在しません。
　考えてもみてください。超自然という言葉は、自然を超えている、つまり自然とは異なるということです。
　そんなはずはありません！　魔法は石と同じくらい自然で、私たちの吐く息と同じくらい確実に存在し、太陽と同じくらい強い力を持っています。
　それを示すいちばんの例が、自然から生まれた石を使って変化を起こす石の魔法なのです。
　クリスタルや石について書かれた本の多くは、スピリチュアルな能力開発やヒーリングに焦点を当てています。別の側面を扱ったものはほとんどありません。
　本書は違います。スピリチュアルやヒーリングだけでなく、石が持つあらゆるパワーの不思議について記しています。
　潜在意識を活性化させ、愛と友情を引き寄せ、性機能障害を改善し、富と健康をもたらし、メンタルパワーを研ぎ澄まし、平和と幸せを招く。これらについて詳しく説明しているのです。
　魔法は自然を支配したりコントロールしたりするものではありません。これは魔法に対して否定的な見方をする人たちの考えであり、「魔法とは超自然的なもの」という考えと同類です。魔法は自然と調和しながら行うものです。そうではない方法で行った魔法には限界があり、ただ単に術者のエゴを増幅させるだけです。
　パート2で示す石の情報が有益なものとなるように、この章では魔法に関わる基本的な事柄を説明していきます。パート2の「魔法の使い方」で登場する「イメージする（視覚化）」「パワーを標的に向ける」「石の祭壇を作る」といった手順については、まず本章で学んでください。
　いつも申し上げていることですが、私は自分で試してうまくいった方法、自分が心地よく感じた方法をお伝えしているにすぎません。ですから、もし本書で記述している儀式のやり方、元素や惑星などとの関連づけ、メンタルプロセス（心の動き）などに違和感を覚えたら、自分に合った方法や

関連づけを探しましょう。魔法に制限はないのです。

"自然こそが師である"と覚えておいてください。自然は魔法が生み出した現象です。たとえて言うなら、宇宙という魔法書に描かれた挿絵のようなものなのです。本書に書かれた言葉があなたの心に届かなかったら、挿絵そのものをよく見ましょう。石の声、風の声、火の声、そして水の声に耳を傾け、そこからあなた自身が感じとるのです。

※　3つの条件

拙著『Earth Power: Techniques of Natural Magic』で概略を説明しましたが、魔法を成功させるために必要なものが3つあります。それは必要性、感情、知識です。

❖**必要性**──ほかの手段では達成できない

その魔法をぜひとも成功させなければならないという必要性がなくてはなりません。また一般的に「ほかの手段では達成できない」という条件もこれに加わります。愛を引き寄せる、家庭を守る、住む場所を手に入れるなど目的が世俗的である場合は、特に重要です。

必要性というのは、たとえば「人生に空虚さを感じ厭世観(えんせいかん)が強い」とか、「早急に対処しなければならない危機的状況（健康状態など）が存在する」というようなことです。

魔法は状況を変化させて、あなたの必要性を満たしてくれます。

❖**感情**──実現させたいという強い願望

必要性には、感情も伴っていなければなりません。感情は力です。たとえば顔が真っ赤になり心臓がバフバフ波打つような激しい怒りは、大きなパワーの表れです。

必要性に感情が欠けていたら、どんな源泉からも目的を達成するためのパワーを引き出せるはずがありません。これはつまり、あなたの魔法はうまくいかないということです。たとえばある試験にどうしてもパスしなく

てはならないとしても、あなたが心からそれを望まなければ、どんな魔法も効き目はないのです。

必要性を実現させるパワーを発動させる鍵は、あなたの気持ちなのです。

❖ 知識——魔法を実現する具体的方法

魔法のやり方、つまり自分や石など自然の事物に備わったエネルギーを呼び起こし、標的に向けて放出する技法などの具体的知識のことです。

「知識」には、視覚化、基本的な儀式の進め方、集中の仕方、パワーの本質などが含まれます。

本章ではこれらについての初歩的な知識を説明していきます。

必要性があり感情が伴っていても知識がなければ、缶切りやコンピューターを前にしたネアンデルタール人と同じです。道具を前にして途方に暮れるだけです。

魔法は必要性、感情、知識の3つがそろって初めて、実践できるものなのです。

魔法の理念

私たちは自分自身や友人、愛する人の生活を少しでもよくしたいと願って魔法を使います。つまり愛情に基づいたものですから、魔法は自然を支配しようとするものではなく、自然と調和したものといえます。

一方で敵を排除したいと願って、魔法に興味を示す人がたくさんいます。彼らは怒りを表す道具として魔法を利用しようとしており、これは自然な行為とはいえません。

パワー自体には良いも悪いもありません。たとえばパワーのひとつである電気はレーザー手術の道具となって人の生命を救いますし、電気椅子の動力となって生命を奪いもします。

エネルギーも同様です。私たちがどんな目的でどんな必要性に駆られて使うかによって、外界に与える影響は変わってくるのです。

魔法は自分勝手な動機、たとえば人を支配し物事を思いどおりにしたい、

誰かに苦しみや恐怖を与えたいなどという単なる自己満足を目的とした動機から用いるものではありませんし、そうしてはならないのです。そうではなく、人生を謳歌し、愛や喜び、満足、うれしさ、成長で満たすために使うものなのです。

以前にも述べたことですが、もし私が誰かを心から憎んでいるならば(幸い一度もそんな経験はありませんが)、呪文ではなくパンチをお見舞いすればいいだけです。

この考えには反対する人もいて、受け持っているクラスやワークショップで面と向かって異議を唱えられたことがあります。そのような人たちには説明しても無駄なので、ただ黙って首を振るだけです。すると彼らはいつの間にかいなくなり、いつしか連絡をしてこなくなります。

熱い照明のソケットに指を入れたら、ビリッと衝撃を感じるでしょう。でも、もし不純な動機で魔法を使えば、ソケットとは比べ物にならないほど大きな衝撃を受けることになります。

でもそれを踏まえたうえでどうするかは、あなたの自由です。

❖ 自分が実践する

魔法を初めて使うなら、まず他人ではなく自分に関わる事柄で試してみましょう。そうすれば魔法がどんなふうに働くのか、どのように使えば効果的かがすぐに学べます。

これはちっとも利己的なことではありません。あなたはいわば魔法の実験台なのです。そこで充分に実験を重ね効果を得られたら、他人のために使えばよいのです。もしあなたが混乱した生活を送っていたり、借金があったり、病気がちだったり、精神的に不安定だったりしたら、誰かに魔法を勧めたとしても誰が信用するでしょうか。自分自身が魔法の効果を体現してこそ説得力があるというものです。

❖ 実践の準備

❖視覚化……願いが実現する場面を心に思い描く

視覚化の練習をしましょう。目を閉じて親友の顔、またはお気に入りの服を思い浮かべてみましょう。

単純にいえば視覚化というのは、目を使わずに「見る」ことです。

魔法（あるいは創作活動）における視覚化では、実現したい事柄を明快に頭の中でイメージします。つまり、物事の未来の姿を「心で見る」わけです。視覚化こそが、エネルギーを目的に向けて的確に放出する重要な鍵となります。この技術は何度も繰り返すことで、どんどん上達していきます。

あなたが愛を求めているのなら、ローズクォーツを手に持ち、自分と相手が相思相愛になった場面を心に描いてみてください。相手の顔が見えなくてもかまいません（魔法は人を操ろうとするものではないのです）。その人と一緒にいる幸せな自分を思い浮かべましょう。あなたがその関係を必要とし、かつ心から望んでいるという思いを具体的な形にしてイメージし、そのイメージで温かく自分を包み込みます。次にエネルギーがあなたの中から石へと流れ込み、目的のゴールへと向かう様子を映像として見ましょう。

これが魔法における視覚化です。

❖石へのチャージ……必要とするエネルギーを注入する

魔法に使う前に、石にエネルギーを「チャージ」するか「プログラム」しなければなりません。まず石を「陽」の手（右利きの人は右、左利きの人は左）で持ち、魔法を行う必要性を心に浮かべたあと、エネルギーをあなたの内から石へと注ぎ込みます。

私たちは誰でも、自分のエネルギーを持っています。このエネルギーを石やキャンドルやメタルに移し、それらのパワーとつながることで、魔法が実現するのです。自分の内なるエネルギー、あるいは自然エネルギーの移動が魔法の真髄といえるのです。

あなたのエネルギーが「陽」の手を通って石に流れいく様子を、心で映

像として見ましょう。そしてあなたが必要とする愛やお金、力、あるいは健康などへの思いの強さをエネルギーに込めて、石にチャージしていきます。

　石が振動しはじめるのを感じたら、チャージは完了です。

　魔法の儀式を行う前にこのシンプルな手順を踏むことで、石の魔法の効果は飛躍的にアップします。

❖ 石の祭壇……魔法を行う場所を用意する

　魔法を「石の祭壇」で行いたいなら、少なくとも室内で行う必要があります。祭壇は石を祭るためのものではなく、魔法を実践する場所です。

　原則的には切り口が平らな切り株、ドレッサー、タンス、コーヒーテーブルの上に大理石製の大きな厚板（ほかの石でも可）を置けば完成です。あとは必要な道具を使って石の魔法を行います。もし石板を用意できなければ、普通のテーブルだけでもかまいません。

　通常、祭壇には強いパワーを帯びた物質を置きます。大きな水晶玉、キャストライト、スタウロライト、ロードストーン、化石、ラバ、オパールといったパワーストーンやメタル、あるいは「幸運のお守り」などです。

　祭壇は石を浄化、純化し、その石のパワーと自分自身を同調させて魔法を行うところです。また本書で紹介する魔法では石だけでなくキャンドルもよく使いますが、その場合は祭壇の上に置いて火を灯します。

　そのほか魔法の目的と調和したインセンス（お香）や花など、あるいは「パワーがある」とあなたが認めたものなら、どんなものでも加えてかまいません。ここで「パワーがある」という意味は、あなたが持つエネルギーをより強固で効果的にする力を持っているということです。

　こうして魔法を行うための石の祭壇が整います。

第3章
石には陽と陰のエネルギーがある

宇宙を構成する最もシンプルで純粋な分類
判断できれば魔法的特性が見えてくる

　魔法に使える石は驚くほどたくさんあり、結晶の形状も色もさまざまです。魔法における用途も多岐にわたっています。

　第1章で説明したとおり、石にはエネルギーがあり、私たちはこのエネルギーを利用して魔法を行い変化を起こします。

　石のエネルギーは基本的タイプの陽と陰に分けられます。愛を呼び寄せる、よくないものを撃退するなど石にはいろいろな波動がありますが、それらはすべてこのどちらかに属します。

　陽と陰は万物を創造した普遍的エネルギーの最もシンプルで純粋な分類の仕方です。ほかにもさまざまな事象を象徴した分類が数多くあります。たとえば宗教では神と女神、天文学では太陽と月、人間では男と女などです。以下にその代表的な組み合わせを挙げておきます。

陽		陰
電気	⇔	磁気
熱い	⇔	冷たい
昼	⇔	夜
肉体的	⇔	精神的
明るい	⇔	暗い
夏	⇔	冬
ナイフ	⇔	カップ
活発	⇔	不活発

陽と陰のパワーは宇宙のあらゆる場所に存在します。母なる地球にも、私たち人間の内にも存在しています。

　これらのエネルギーの影響力は性別には何の関係もありませんし、むしろあってはなりません。けれども私たちは子どものころから生まれ持った性に沿った行動をするように教え込まれていて、実は陽と陰のエネルギーバランスが崩れている人が多くいます。男の子は青い服を着せられ、野球をし、ズボンをはかされます。女の子はピンクの服を着てお人形で遊ぶように教え込まれます。こうした状況は変化しつつあるものの、まだまだ一般的な傾向といえるでしょう。

　魔法を実践する目的のひとつは、陽と陰のバランスを理想的な状態に整えることです。一方のエネルギーが過剰になってバランスが崩れると、その人自身も精神的にも肉体的にも不安定になってしまいます。

　陽のエネルギーが過剰な場合は、いつもイライラして腹を立てやすく攻撃的になりがちです。健康面から見ると、このような状態は潰瘍、頭痛、高血圧などの疾患につながります。

　逆に陰のエネルギーが過剰になると、気分が変わりやすく無気力になり、さらに周囲への興味を失って現実から逃避するようになります。なかには悪夢、執着、失業、免疫機能の低下、精神障害などで苦しむ人もいます。

　もし自分自身のエネルギーバランスの崩れに気づいたら、足りないと感じるエネルギーを持つ石を身につけてアンバランスな状態を正しましょう（石のリストは第４章を参照）。

✺　陽の石………負のエネルギーを撃退しパワーをチャージする

　陽の石は明るく外交的、活動的、そして電気を帯びています。不幸や災いを寄せつけず、不活発な状態を打破し、動きを生み出す力強いエネルギーを持っています。

　陽の石は病に打ち勝つ助けとなり、意識を強化し、人間に勇気と強い意志を吹き込みます。また身体エネルギーを高め、幸運や成功を引き寄せる効力もあります。魔法そのものにおいては、儀式に力強さを加えたいとき

に使います。

陽の石の基本的使用方法はふたつです。ひとつは自分が望まない負のエネルギーを撃退すること、もうひとつはモノや人間にエネルギーを注入することです。

たとえば勇気がほしくてカーネリアンを身につける女性は、石の持つエネルギーを自分に取り込んでいます。この女性が不幸や災害を撃退したいと望む場合は、視覚化を行って石にパワーをチャージします。こうすると、石は自分のエネルギーを送り込むのではなく、彼女に向かってきた負のエネルギーを追い払うのです。ここで鍵となるのが視覚化です。

陽の石は意識に働きかけます。基本的に岩質は緻密で重く、色は赤、オレンジ、黄、金などで、透明なものも不透明なものもあります。太陽のように輝きの強い石が多く、ルビー、ダイヤモンド、ラバ、トパーズ、ロードクロサイトなどが挙げられます。

このタイプの石は太陽、水星、火星、天王星、また４大元素のうち火や風とのつながりが深いとされています（詳細はパート４を参照）。また恒星とも関わりがあるとされていますが、それは恒星が太陽と同じものだからです。

✺ 陰の石………霊性や知性を高め、潜在意識を活性化させる

陰の石は陽の石を補完する存在です。内面に働きかけて心を穏やかにし、磁気を帯びています。瞑想を助け、霊性や知性を高め、神秘主義を促進するとともに、平和をもたらします。

また意識と無意識がコンタクトできるように潜在意識を活性化させます。愛、金運、癒し、友情を引き寄せるエネルギーを発し、私たちと地球とのつながりを認識させ安定させる「グラウンディング」を目的によく使われます。

陰の石も陽の石と同様、基本的な使用方法はふたつです。

たとえばラピスラズリには愛を引き寄せるパワーがありますが、チャージの仕方を変えると、この石に落ち込んだ気分を吸い取らせ、持ち主の幸せにつなげることができます。

陰の石には緑、青、ブルーグリーン、紫、灰、シルバー、ピンク、黒（色がない）、白（すべての色が混ざっている）などさまざまな色があり、乳白色や半透明のものなどがあります。また自然に穴があいているものもあります。

　ムーンストーン、アクアマリン、エメラルド、穴あき石、ローズクォーツ、ピンクトルマリン、クンツァイト、ラピスラズリ、スギライトなどが陰のエネルギーを持っており、月、金星、土星、海王星、木星、および4大元素のうち土、水と結びついています。

　すべての石を陽か陰どちらかに簡単に分けられるわけではありませんが、この分類は石の基本的パワーを判断する際の重要な目安となります。ラピスラズリのように両方のエネルギーが混在する石もあれば、分類とは矛盾する使い方をする石もありますから、使い方については最終的に自分で判断してください。大事なことは、石があなたのために役立つということです。分類はその判断を助けるためのものですから、それにこだわる必要はないのです。

　もしどこかで目新しい石を見かけたら、重さや色を確認し、陽と陰どちらのエネルギーを持っているか自分なりに判断してみてください。それを繰り返すうちにいつしか習慣となり、やがてあらゆる石の魔法的特性が見えてくるようになるでしょう。そうすれば石を利用した魔法が、実は簡単に行えることに気づくはずです。

第4章
色に秘められた魔力

色は潜在意識に直接働きかけてくる
ピンクや青が与える心理的影響とは

　どの石をどの魔法に使ったらよいか判断するには、色が重要な手がかりになります。色は私たちの潜在意識に直接働きかける力を持っています。

　たとえば現在多くの刑務所では、囚人を収容する部屋の壁がピンク色に塗られています。なぜピンクに塗られているのでしょうか。実はピンクには人の心を静め、愛を与える力があるからです。ドラッグをやっていないかぎり囚人といえども、ピンクに囲まれた環境ではいつのまにか暴力的な言動は影をひそめます。

　同じように多くの病院では、手術室や回復室の壁を青に塗っています。魔法の世界では昔から、青は癒しを促進する色として威力を発揮しており、現代の医学もようやく色の力に気づき追いついてきたといえるでしょう。

　色の持つ不思議な効果が知られるようになるにつれて、古くから伝わってきた魔法に対する理解も進んできています。ピンクの壁が怒りに満ちた人間の心を静めるのなら、ピンクの石は愛を引き寄せる効果があるに違いないと考える人が増えてきたのでしょう。

　石の場合も、色というごく表面的な要素でさえ、劇的な効果を発揮する可能性を秘めています。そして石の持つ、外からは見えない内面の力を引き出す鍵として色を使えるようになれば、あなたは真に魔法の領域に足を踏み入れたことになるのです。

　この章の目的は、石の基本的な色とその魔法的属性を提示することです。第3章で示したエネルギーに関する情報と同じように、これらの情報は、あなたが石をどう使うか決定するときの目安になりますし、パート2で提

示する石の詳細情報を理解する助けともなるでしょう。

✦ 石のヒーリングとは………通常治療の補完である

　さて、ここで魔法を使ったヒーリングについて記しておきましょう。まず覚えておいてほしいのですが、他人の体を治せる人間はいません。回復を助ける技法は存在しますが、本質的には、自分の体は自分の力で治すのです。ほとんどのヒーラーは、自分たちにできるのは体内のエネルギーの流れを阻害する要素を取り除き、ヒーリングプロセスのスピードを上げることだけだと言います。

　石は何世紀にもわたってヒーリングに使われているので、一部の石にはたしかに治癒させる効果はあるのでしょう。ですがパート2で紹介しますが、本来のヒーリングが意味するものは、指を切ったらブラッドストーンを、目の病気にはエメラルドを使え、ということではありません。私は通常の医学的処置を施したうえで、こうした方法を併せて行えばよいと提案しているのです。

　ですから抗菌クリームを塗って（あるいはオオバコの葉を当てて）包帯を巻き、そのあとで回復が早まるようにブラッドストーンを使いましょう。

　魔法は科学技術と対立するものではありません。可能なかぎり併用すべきものなのです。これらを心に留めて、このあと頻繁に登場する「ヒーリング」の意味を理解していただけば、石の魔法へのさまざまな疑問はおのずと解消するでしょう。

　石に特殊な力が秘められているということに疑問の余地はないのですが、魔法を効果的なものにするには、それぞれの石の特性を知ること、自分自身の体についてもよく知ること、そのうえで石と調和することが大切です。

　いずれにしても色そのものがパワーを持っているのですから、色のついた石は二重に強力といえるでしょう。ではそれぞれの色の具体的なエネルギーを見ていくことにしましょう。

♣色が持つ魔法特性の解説

　✦　赤………陽性：守護のパワーを持ち、体と意志を強くする

赤は血の色であり、誕生と死の色です。多くの文化において赤は聖なる色、あるいは神の色とされてきました。赤い石は陽性で活動的です。攻撃的エネルギーを持つ火星および火の元素とつながっています。

赤の石は守護のパワーを持ち、体と意志を強くします。勇気が必要なときやエネルギーがほしいときに使い、祭壇に置いた場合には儀式にパワーを与えます。

古代の人々は毒から身を守り、思考を「高潔」に保ち、怒りや暴力的な感情を追い払うために赤いものを身につけました。また火事や雷よけにも使われていました。

ヒーリングにおける赤の石は血と関係が深いため、貧血を改善し、出血を止め、傷の回復に使います。

発疹や炎症にも効果があるようです。かつては流産防止にも使われました。赤の石に力をチャージすることで、性機能障害の克服にも使えます。下腹部に石を置いて願いが叶った場面を視覚化しましょう。

❖ ピンク………陰性：平和、幸福、喜び、笑いをもたらす

ピンクの石は陰性で、愛の波動を発しています。心を穏やかな状態に保ち、ストレスを排除して心身をリラックスさせます。

時々、金星の支配を受けているといわれることもあり（ただ緑のほうが、より金星との結びつきが強い）、愛を引き寄せ、すでにある愛をより強め、長い間には起きるだろう誤解やトラブルを軽減します。

また自己愛を高めるためにも使えます。自己愛とは自己陶酔とは異なり、自分の欠点を認識し受け入れたうえで、その自分と調和してよりよい人生を築いていくということです。私だけでなく多くの先人も言っていますが、まず自分で自分を愛さなければ、他人から愛してもらおうと思っても叶うわけがないのです。ピンクの石には自分を愛することを後押ししてくれるエネルギーがあります。

ピンクの石は平和、幸福、喜び、笑いをもたらします。明るい感情を刺激し、友人を引きつけ、他人に対して心を開けるように促します。

集団で行う儀式で使うには最適の石です。

❖　オレンジ………陽性：幸運を招くとされ、成功のシンボル

　オレンジの石は赤と同じ火の性質を持っていますが、その働きは赤より穏やかです。陽性で、太陽の象徴とみなされることが多く、守護を願う儀式や啓蒙を広めるための儀式に適しています。

　オレンジの石にはそれぞれの人間が持つエネルギーに働きかける力があり、魔法の儀式を行うとき身につけるとより効果的です。また自分に自信がない人は、オレンジの石を持つことで自尊心が芽生えます。

　幸運を招く成功のシンボルでもあります。

❖　黄………陽性：守護のパワーを持ち、意識強化に役立つ

　黄の石や鉱物は陽性です。水星の支配を受け、コミュニケーションに関わる儀式で使われます。人前で言いたいことをうまく表現できない人は、黄の石を身につけてみてください。文筆家はこの石の助けを借りると仕事がはかどり、人前で話す職業の人はさらに雄弁になり聴衆を魅了できるでしょう。

　太陽の支配も受けているので守護のパワーを持っています。一方で風の元素にも支配されているので、意識の強化に役立ちます。魔法の儀式に黄の石を身につけると、視覚化の能力が高まります。

　旅行に関する魔法では、黄の石を陽の手で持ち上げ、行きたい場所にいる自分を思い浮かべます。きっとそこへの旅が可能になるでしょう。

　健康面では消化を助け、神経系の働きを整え、皮膚のトラブルを抑えます。黄の石は移動、交換、エネルギー、メンタルに関わる石なのです。

❖　緑………陰性：地に足をつけ心身のバランスを整える生命の色

　自然、豊穣、生命の色で、宗教や魔法ではしばしば赤と関わりが深いとされます。

　緑の石は陰性です。ヒーリングの魔法に使いますが、このとき緑や青のキャンドルをこの色の宝石で囲んで火を灯し、病気の人が回復し元気を取り戻した様子をイメージするという手法が有効です。

　持ち歩けば健康のお守りになります。この色の石は特に目を強くすると

ともに腎臓の働きを整え、胃の不調を和らげ、片頭痛を防ぎます。
　金星の支配を受けており、植物がよく育つように願いを込めて身につけたり、地中に埋めたりします。観葉植物には、エネルギーをチャージした緑の石をいくつか土に埋めてみてください。繁殖を高める目的で使われてきたことから、緑の石には妊娠を促す力があるともいわれています。
　土の元素と関連しているので、お金、富、繁栄、幸運に関わる魔法でも使われます。地に足をつけ心身のバランスを整え、地球と調和できるように身につける石です。

❖　青………陰性：心を静め和みや安心をもたらす
　青は海、眠り、黄昏の色です。水の元素と海王星に支配される陰性のこの石は、和みや安心をもたらします。青の石を手で握ると、あるいは柔らかい光の下でじっと見つめると、心が安らいでくるのが感じられるでしょう。寝つきが悪い人は、この石をベッドに入れてみてください。悪い夢を跳ねのけ、静かな眠りをもたらしてくれます。
　全般的なヒーリング効果がありますが、特に解熱や潰瘍の原因を除去し炎症を鎮めます。痛みを和らげるために使われることが多いようです。
　自分自身に浄化が必要だと感じる人は、青い石を身につければ心身ともに清められます。そのまま入浴してもよいでしょう。魔法の儀式を行う前には、多くの人がこのようにして身を清めます。

❖　紫………陰性：瞑想や潜在意識とのコンタクトに真価を発揮
　紫や藍の石は陰性で、スピリチュアルパワーを持っています。木星と海王星に支配され、はるか昔から神秘主義や浄化と結びつけられてきました。瞑想やサイキックな活動を行うとき、あるいは潜在意識とのコンタクトを目的とした儀式で、すばらしい効果を発揮します。
　緑や青と同じく、紫はヒーリングと平和の色です。健康を保つため、またときには言うことを聞かない子供を従順にさせるために使われることもあります。健康面では頭痛、精神障害、脳震盪（のうしんとう）、毛髪の悩みなど頭に関連する症状を改善します。うつ状態を和らげ、身につけて寝ると安眠できます。

紫の石は高度に組織化された宗教や、原始的で自然崇拝色の濃い信仰体系とも密接な関係にあり、高次の力とコンタクトする際に使われます。

❖　白………陰性：眠りや潜在意識の覚醒と関係が深い
　白の石は陰性で月の支配を受けているため、眠りや潜在意識の覚醒と関係が深いとされています。
　かつては白の石、特にカルセドニーは母乳の出をよくするとして、授乳中の母親たちに愛用されました。現代のアメリカでは幸運の石として、多くの人たちがポケットに入れたり身につけたりして持ち歩いています。
　暗い夜を明るく照らす月の支配を受ける白の石は、暗い場所で身を守ってくれるものとして、特に危険な場所をひとりで歩くときに重用されています。昼も夜も安全に過ごせるよう、赤と白の石をセットで持ち歩く人もいます。
　もし頭痛で苦しいときには、白の石をポケットに入れておくといつの間にか痛みが消えてしまいます。また白はすべての色を含有し、チャージすればどんな色の石の代わりにも使えると考える人もいます。チャージは視覚化を通して行います。

❖　黒………陰性：自制心や回復力、穏やかさの象徴
　黒の石は陰性で地球と安定を象徴し、「制限の星」といわれる土星に支配され、自制心、回復力、穏やかさの象徴でもあります。
　守護の石とされることもありますが、実際は持ち主を現実にしっかりとつなぎ止める用途で使われることが多いようです。もし軽いめまいがしたり、スピリチュアルな行いに没頭しすぎて健康面に不安が生じたときなどに、この石を身につけるとよいでしょう。
　魔法の世界における黒は宇宙の色で、光が届かない闇の世界を表します。自分の行動を他人に気づかれないようにする不可視化の魔法には黒の石を使います。たとえば黒い粘土で、自分をイメージした小さな人形を作り黒の石で飾ります。それを黒い箱か鏡でできた箱に入れ、暗い場所に置くのです。これでもう、あなたを脅かす人間に見つかることはありません。

✥　多色の石………単色の石より魔法的属性が複雑で多彩

　ブラッドストーン（緑と赤）やトルマリン（種々の組み合わせ）やオパール（あらゆる色）など複数の色で構成される石は、単色の石と比べて魔法的属性が複雑です。通常ひとつひとつの色が持つエネルギーを組み合わせて、石の用途を決定します。

　オパールは虹のように多彩な色の組み合わせになっていて特殊な例です。本書のパート2で詳しく説明していますので参照してください。

✥　そのほかの色

　ラピスラズリ（黄鉄鉱が含まれている）などわずかにメタルが含まれている石についてはパート3を参照してください。各メタルについて説明しています。

　本章では基本的な色とその特性を述べてきましたが、基本色を組み合わせてできるさまざまな色（ライムグリーンやターコイズなど）については、各基本色の情報を合わせて、自分なりに判断してください。

第5章
形状に秘められた魔力

丸い石は愛やお金を引き寄せ
四角い石は繁栄や豊かさの象徴である

　きらめく光を発するスタールビーやスターサファイアには、どんな特別なパワーが秘められているのでしょう？　ハート形の石には愛を引き寄せる力があるといわれていますが、本当でしょうか？　丸や四角や三角などの形には何か意味が隠されているのでしょうか？

　自然が形成した石は岩塊から六角形の結晶まで、さまざまな形をしています。それらは地表に露出すると風や水の力で浸食され、さらにひとつひとつ違った形へと変化していきます。

　また人間が採掘して小さく切り分けたり、母岩から欲しい部分だけを切り出したりすることもあります。さらにそれから宝石細工師たちが、吟味し研磨して精巧なカットを施します。つまり石の形をどんどん変えていくわけです。

　知識さえあれば、形や状態を見てその石の持つ魔法的パワーが分かります。このパワーは、人の手で加工された石よりも自然のままの石のほうが強いと考えられています。自然が作った形には深い意味があるからです。

　形状に意味を見いだすのはシャーマニズム魔法です。今でもペルーでは、シャーマンが石の形や状態を重視し、魔法儀式に取り入れています。アメリカ先住民の多くの部族も、かつては動物の形をした石をお守りや儀式で使っていましたが、現在では石の形状を考慮に入れることはほとんどありません。

　本章では天然石、人工石の両方について、典型的な形を挙げて説明していきます。また内部にチラチラ光る筋が見えるなど、珍しい特徴を持った

石についても触れていきます。

　形の種類は非常に多くあるので、ここでは主要なものだけを取り上げました。もし変わった形状の石を見つけたら、その石の声に耳を傾けてみてください。外見から感じる第一印象は？　その形や状態から思い浮かんでくるものは？　そして目を閉じて石のエネルギーを感じ、それを手がかりにしてどんなパワーを持っているのか自分自身で見つけ出すのです。

　天然石の場合、種類は形ほど重要ではありません。ただしあなたが石種を重んじる場合は別です。自分が思うとおりに試してみましょう。

　石の形状には間違いなく独自の魔法のパワーがあるのです！

♣形状が持つ魔法特性の解説

✥　丸い石………陰のパワーを持つ女性の象徴

　丸い形は宇宙、磁性、母なる神の持つ陰のパワーを象徴しています。女性の生殖機能と結びついているとされ、ヒーリング儀式などでしばしば女性を表すものとして使われます。

　この形の石は霊性を深める鍵として働き、潜在意識を活性化させます。愛の魔法をはじめ引き寄せの儀式全般に使われ、たとえば金運を引き寄せたい場合は、丸い石で囲った四角の中央にオリビン、あるいはジェイドを置いて、お金が入ってくる場面を視覚化しましょう。

✥　球形の石………陽のパワーを持つ男性の象徴

　球形の石は現在いろいろな種類のものが入手可能で、水晶占いによく使われます。薄くて長い石は男性器の象徴とされていますが、水晶などの結晶は含めないことがあります。この形の石は陽性で、電気などの物理的エネルギーおよび自然崇拝や多神教の最高神を象徴しています。

　このエネルギーストーンは、目的に応じて持ち歩いても祭壇に置いても効果を発揮します。護符として使うなら、玄関や鏡の前に吊るすとよいでしょう。

✥　楕円形の石………愛の魔法に使われる

　楕円形の石は愛の魔法に使われます。視覚化の際に祭壇上に隣り合わせにふたつ置くか、積み重ねます。このふたつの石の近く、あるいはこれらを取り囲むように別の「愛を引き寄せる」パワーストーンを置くと、儀式にさらなる力が加わって効力が強められます。

✥　卵形の石………創造力を刺激する

　卵形の石は創造力を刺激して、新しいアイデアを生み出す手助けをします。祭壇に置くと、魔法儀式の効果を実りあるものにしてくれます。かつては妊娠を願う女性が卵形の小さな石を持ち歩く習慣がありました。大きめの石を庭に埋めると、植物の生育がよくなるでしょう。

✥　四角い石………大地、繁栄、豊かさの象徴

　四角い石は大地、繁栄、豊かさの象徴で、これらに関わる儀式で用いられます。この石は安定をもたらし、地に足をつけるグラウンディング効果があります。もしあなたが心落ち着かない日々を送っているなら、物事に集中できるように四角の石を持ち歩くとよいかもしれません。

✥　ハート形の石………愛を強める魔法に使う

　ハート形の石はもちろん、愛を燃え上がらせたり引き寄せたりする魔法に活用します。愛をもたらし、すでに存在する愛を大きく育ててくれるこの石は、愛することも愛されることも可能にしてくれるのです。

✥　三角の石………守護のパワーを持つ

　三角の石は守護のパワーを持っています。身の安全のために使うなら、持ち歩くとよいでしょう。自宅を守りたいなら、通りに面した窓際に置いてください。

✥　L字形の石………幸運を運んでくる

　L字形の石は幸運を運んでくると考えられています。この形が心身の結

合を表しているように見えるからでしょう。幸運のお守りとして持ち歩いたり、祭壇に置いてもよいでしょう。

✣ 体の一部に似ている石………相似する部分を強化する

体の一部に似ている石は、その部分を癒したり強化したりする魔法に使います。たとえば腎臓を強化するには腎臓の形をした石を用います。見て分かりやすい石は、視覚化の際に意識を集中するための焦点として用い、儀式後はそのまま身につけましょう。

✣ ピラミッド形の石………正確に焦点を合わせる

ピラミッド形の石は天然にはなかなか存在しませんが、最近市場に出まわる数は増えています。この形の石は、内部に蓄積したエネルギーを頂点から標的へと正確に発射できます。もしあなたがお金を必要としているなら、ピラミッドの下に紙幣を置きます。紙幣のエネルギーがピラミッドへと流れ込み、それがあなたへと向かってきて繁栄をもたらす様子をイメージしましょう。

✣ ダイヤモンド形の石………富を引き寄せる

ダイヤモンド形の石は当然貴重な宝石ダイヤモンドを想起させるので、富を引き寄せるために使われます。

✣ 内部に動きを持つ石………数多くの伝説が存在する

チラチラと輝く部分が特徴的で珍重されている石もあります。キャッツアイ、スタールビー、スターサファイア、ムーンストーン、タイガーズアイ、サンストーンなど、シャトヤンシー（キャッツアイ効果：光を反射する際、内包物の影響などにより表面に鮮やかな一本の光の筋が浮かび上がる）と呼ばれる現象を示す石です。

このような石をめぐっては数多くの伝説が存在し、石の内部に宿る悪魔や精霊がシャトヤンシーを生んでいると信じている人たちもいます。

これらの石は不幸や災害を跳ねのけ、持ち主を守護する力を持っている

と、昔から広く信じられています。動きのある石なので旅行の魔法にも有効ですし、旅行中のお守りとして身につけるのもよいでしょう。
　サファイアやルビーの中に見える星は、これらの石が本来持つ魔法的効力を高めると考えられています。

　海岸や川岸や干上がった河床で見つけたさまざまな形状の石をどんな魔法に使ったらよいのか、これまでの話からおおよそ見当がついてきたのではないでしょうか。
　自然な穴のある穴あき石は魔法的に非常に大きな意味を持つので、パート２で別途解説します。
　スタウロライトやキャストライトのように、天然のきわめて珍しい形状を持つそのほかの石についても、パート２で説明したいと思います。

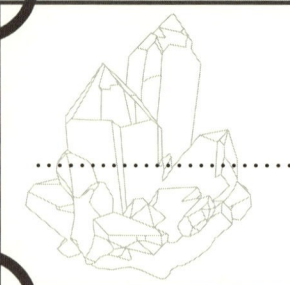

第6章
石の入手

自分の必要性にかなう石のリストをつくろう
多岐の用途に使える石を10〜12種類

　あなたが何を求め何を必要として魔法を行うかによって、石の入手しやすさもコストも変わってきます。

　魔法に使う石は、宝石のように希少価値の高い石である必要はありません。非の打ちどころのない輝きを放つエメラルドは強い魔法的効力を持っていますが、品質が落ちる石を使っても、多少の差はあるかもしれませんが、ほぼ同様の結果を得ることができます（私は数週間前に展示即売会で４ドル50セントのエメラルドを買って使っています）。代替石についても同じことがいえます（パート４を参照）。

　もし真剣に石の魔法に取り組むなら、いろいろな石を集めましょう。いろいろと言っても100種類もそろえる必要はなく、10〜12種類あれば充分です。集めるときは自分の必要性を満たしつつ、なるべく多岐の用途に使えるものがよいでしょう。

　たとえば以下のような石は多くの魔法に使うことができます。

アンバー　　　　　　　　　水晶
アメジスト　　　　　　　　ルチルクォーツ
カーネリアン　　　　　　　スタウロライト
ガーネット　　　　　　　　タイガーズアイ
ラピスラズリ　　　　　　　トルマリン（緑、ピンク、青、黒）
ペリドット

もちろんこのリストにこだわる必要はありません。自分が使いたい魔法に適した石を集めましょう。本書のパート2を読んで自分なりのリストを作成してみてください。そして新しい石を発見したり、魔法が必要となる思いがけない状況に直面したりしたときに、その都度石を調達しリストを充実させていけばいいのです。

さて石を入手するには、「買う」「交換する」「採集する」という3つの基本的な方法があります。今はほとんどの石をお金で買えますが、交換するほうが安上がりですし、思いがけない出会いもあり楽しめます。自分で探し、大地から直接採集できれば、その楽しさはなおさらです。

❋ 石を買う

昨今、手に入れられる石の種類は驚くほどたくさんあります。世界中から、ときには何万キロも離れたところから多くの人の手を経て、あなたが買い物をする店へとやってきます。ありふれたものや質の劣るものは手頃な値段で買えますし、1グラム1カラットで何百ドル何千ドルするものもあります。

大きな街には必ず石を扱っている店がありますし、鉱物資源の豊かな地域なら小さい町にもあるでしょう。このような店の店主が実践的な魔法の知識を持っていることはほとんどありません。でも石は売っていますし、石についての基本的知識も得られるので、店に通う価値は充分にあるというものです。途方もない値付けをしている店はあまりありませんが、念のためにいくつかの店を見てまわったほうが安心です。新しい石が入荷したときにいち早く入手したければ、店主と親しくなるのも方法です。

メタフィジカル、ニューエイジ、オカルト関連の品物を扱う店では、さまざまな石を取りそろえています。アメリカ国内ではこの種の店がどんどん増えていて、実際、誰もがニューエイジ時代の「ニューストーン」である水晶を扱っていると言っていい状況です。

電話帳で石や宝石の原石を扱う地元の店を調べてみましょう。自然史博物館のギフトショップでも、良心的な値段で石を売っています。通信販売

もあります。

　また宝石や石の展示会が多く開かれていて、取引の場としてすっかり定着しています。何千人何百人ものコレクターや商人を引き寄せる「石の儀式」といえるかもしれません。会場には見渡すかぎり業者のブースが並び、無数の原石や鉱石がきらめいています。

　展示会に行けば、必ずいい買い物ができます。展示会から展示会へと国中を移動して出店している業者の多くは、地元の小売り動向についてもよく調べていて、競争力のある値付けをしています。最も安い値段で買おうと思うなら、複数のブースをまわって比較してから決めましょう。

　私が魔法の世界に足を踏み入れた1971年のころは、誰もが従う不文律ともいえる決め事がありました。魔法のために入手するものは、「物々交換したり値切ったりしてはならない」という暗黙のルールです。「安い品を探しまわるのもいけない」とされていました。でもようやく最近になって、この不文律が人々の記憶から薄れ、本や会話でも言及されることはなくなりました。私も以前はこのルールに従っていましたが、この暗黙のルールは売る側がもうけるために広めたものではないか、といつも疑っていましたし、そう思っていたのは私だけではないでしょう。

　「値切ってはいけない」などという固定概念は無視しましょう！　そんなルールはもう存在しないのです。お金は有形のエネルギーです。私はお金を得るために魔法を使おうとは思いませんが、魔法のために賢いお金の使い方をするのは大事なことだと思っています。

　展示会の話に戻りましょう。地元の店ではほとんど手に入らない石も、展示会では見つけられる可能性があります。希少な石も、業者に尋ねるだけで手に入れられることがあります。以前サンディエゴの展示会で、サンストーンとスタウロライトが欲しくて探しまわったのですが見つけられませんでした。ところが2カ所のブースで業者に直接尋ねると、すぐに出してくれたのです。地元の店主だけでなく、展示会の業者とも親しくなれば思わぬ宝物に出会うかもしれません。

❈　物々交換をする

　お金はあまりないけれど特定の種類の石を何個も持っているという人は、物々交換をしてみてはどうでしょう。同じ程度の価値を持つものを、お互いの目的に合わせて交換するという行為は、貨幣が登場するよりもずっと前から行われてきました。
　古来、魔術師や魔女はヒーリングや浄化をはじめ魔法の儀式などを行っても、貨幣での支払いを受けませんでした。食べ物や雨露をしのげる場所といった生活に必要なものを、行為の対価として受け取っていたのです。このような物々交換のシステムは、今でも未開発地域ではふつうに行われていますし、文明社会においても見ることができます。
　もし身近に石のコレクション、特に魔法に使う石の種類を増やしたいという友人がいたら石を見せ合って、お互いが必要とする石があれば交換してみてはどうでしょうか。
　物々交換は双方が希望や目的を達することができるすばらしいシステムです。お金を使うことなく石のラインナップを充実させることができるので、特に石を採集している人たちの間では広く行われています。では次に石の採集について説明していきましょう。

❈　石を採集する

　石や鉱物の採集は心躍る冒険です。土を払い落とし、本来の鮮やかな色が現れた瞬間は、まるで魔法を見ているかのようです。店で手に入ったときももちろんうれしいのですが、自分で探して見つけたときの喜びは、言葉にならないほどの感動でいっぱいになります。
　世界には、さまざまな種類の原石や鉱物を豊富に採集できる場所が無数にあります。幸い私が住むサンディエゴ近郊にもそのような場所があって、その種類はトルマリン、クンツァイト、ガーネット、レピドライト、マイカ、ベリル、水晶、アゲート、カルサイトなど数え切れないほどです。こんな場所が、地球上至るところにあると想像しただけでワクワクしてきます。

宇宙に存在する自然力を利用する魔法の実践者たちは、地球に対して常に崇敬の念を抱き、石の採集に出かけるときも捧げ物を供えて儀式を行います。それは彼らにとって当然の義務ともいえるのです。

　採集はそれ自体が楽しく、またそれ以上にまだ誰の目にも触れたことがない石を発見するという恐れにも似た感動があります。しかし石の採集を推奨する別の理由もあります。

　たとえばアーカンソーで行われている水晶の露天採掘を、不快に感じる人たちが大勢います。露天採掘はコストを最小限に抑えますが、大地をひどく痛めつけるやり方なのです。ほかにも世界各地で貪欲な悪徳業者が横行していて、貧しい労働者たちはわずかな賃金で朝から晩までこき使われています。さらに宝石の値段は人為的に釣り上げられ、私たちは高価になりすぎた石を手に入れられず、石のパワーを利用することもできない現実があるのです。

　このような状況から、市場に出まわっている石の魔法的価値に疑問を投げかける人たちもいます。ではそうして採掘された水晶のパワーは、負に変わってしまったのでしょうか？　劣悪な栄養状態のコロンビア人労働者が汗を流しながら掘り出したエメラルドは、魔法的価値が損なわれてしまったのでしょうか？

　そのように感じた人々は、市場で取得した石は魔法で使う前に純化の手順を踏んだほうがいいと言っています。間違った採集法から生じた負のエネルギーが石に刷り込まれ、新しい所有者に影響を及ぼす懸念があるからです。

　このように市場に出回っている石の魔法的価値を心配しないですむように、自ら出かけて採集しましょう。やり方は簡単です。まず地元の書店（博物館付属の書店が最適です）や図書館で調べたり、あるいは石を扱う店に行って直接尋ねるのもよいでしょう。採掘所の多くは、一般の採集者向けの自由採掘日や、すでに必要な鉱石を採掘したあとの廃石を自由に持ち帰っていい日を特別に設けています。廃石の中にも原石はかなり残っているものです。通常運営費の一部として、わずかな金額を請求されます。

　アメリカ国内の国有地や州有地にも多くの採集可能な場所があり、そこ

では自由に石を集められます。ただし国立公園内ではもちろん禁止されていますし、私有地にかかっている場合は所有者から事前に許可を得る必要があります。

❖　採集に出かける準備　❖

採集に出かけるときは、あらゆる状況を想定して準備を整えてください。

雨（雨具）、強い日差し（日焼け止め、サングラス、つばの広い帽子）、ヘビへの応急処置セット、食料や水はもちろんのこと、必要なものを吟味して揃えます。また同行者がいたほうがよい場合もあります。特に人里離れた場所へ行くときは、事前に行先とスケジュールをまわりに伝えておくことが大切です。

❖　採集用の準備　❖

採集用にはこて、つるはし、小型のシャベル、石を選り分けるためのふるい、小袋、石を入れる瓶、できれば刷毛とナイフなどの道具のほかに、これらを入れる大きな袋かバックパック（背負い袋）があれば充分です。洞窟や鉱山に入るときは、ヘルメット、ロープ、強力な懐中電灯、防護服なども必要です。

出発準備が整ったら、大地に祈りを捧げる儀式を行いましょう。これは大地に意識を同調させ、供物を捧げ、事前に感謝を伝えるためのものです。やり方はいろいろありますが、ここでは典型的なふたつの例を挙げておきましょう。

❈　出発前の儀式

1　石の祭壇の前に立ち、右手に欲しい石と同種類の石を持ちます（ある場合のみ）。
2　目を閉じて石に意識を集中し、石を通して大地と同調します。
3　キラキラ輝きを放つ結晶でいっぱいの大きな洞窟を思い浮かべます。
4　エネルギーを放出あるいは取り込みながら地中で振動する石を感じてください。

5　次に石を発見する自分をイメージします。
6　貴重なものを与えてくれる大地に、言葉あるいは動作で感謝を捧げながら外に出ます。
7　石を適当な場所に埋めます。これで終了です。

❈ 現場での儀式（または出発直前の戸外で）

1　ささやかながら価値のあるものを用意します。磨いた原石、小さな銀貨、高価な油を2、3滴、ワインあるいは蜂蜜といったものです。
2　それを持って、誰もいない荒地や採集現場に行きます。
3　腰をおろして腿の両横の地面に手を置き、軽く背を伸ばします。
4　手を通して大地から伝わってくる波動を感じながら、石を採集する許しを請います。
5　愛情を込めて石を採集し、前向きな人生実現のための魔法に使っている自分をイメージします。
6　捧げ物を土の中に埋め、大地に敬意をはらいながら旅に出発、あるいは採集を始めます。

　ところで、これらの儀式にはどのくらいの効果があるのでしょう？
　ある友人によると、事前に儀式を行った採集はうまくいき、行わなかったときは思うような成果が得られなかったと言っています。ただ絶対に行わなければならないというものではありません。魔法とは関係なく岩石採集をしている人たちは、このような儀式を行うはずもありませんが、すばらしい成果をあげています。
　でも魔法を実践する私たちにとっては大切な儀式です。私たちは母なる地球を制圧し支配するのではなく、地球と調和し、地球から大切な宝物を分けてもらい魔法を実践するのですから。
　ぜひ儀式を行って地球に感謝し、自分の手で魔法に使う石を集めてください。きっと楽しんでいただけると思います。

第7章
石の浄化

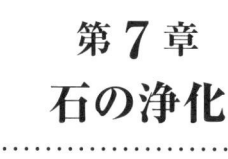

過去の影響を取り除き、
魔法の効果を最大限に引き出す

　第6章で説明したように、石はあなたの手に渡るまでさまざまなエネルギーにさらされてきています。そこで魔法を実践する者の多くは、石を手に入れたらまず浄化あるいは純化を行います。

　過去の影響を取り除き、魔法に使う準備を整える簡単なプロセスですから、どの石にも行うことをお勧めします。例外は自らの手で採集したものですが、軍事施設や高速道路、土壌が汚染された場所近辺で採集したものは同様に浄化を行ったほうが安心です。

　石を浄化する方法はたくさんありますので、いくつか紹介しましょう。

❶太陽の光を使った浄化法

　石を日の当たるところに1日中あるいは3日から1週間置いておく方法です。太陽の光の力で、不浄なエネルギーを燃やしてしまいます。石を直射日光が当たるところに置いてください。出窓の内側は、ガラスが太陽の光をさえぎってしまうために、戸外ほどの効果は望めません。夕方になったら石を家の中に入れます。

　たった1日で浄化される石もあれば、何日もかかる石もあります。毎日石を陰の手にのせてチェックしてみてください。安定した規則正しい波動が感じられたら、浄化がうまくいったといえるでしょう。

❷流れる水を使った浄化法

　少しだけ手間がかかります。石を流水に浸けたまま1〜2日おいておく

方法です。近くに川があれば理想的です。石が流されないようにネットに入れて、ひと晩流れに浸けておきます。不浄なものがゆるやかに洗い流されていきます。

❸大地の力を使った浄化法

石を地中に埋めて１週間くらい放置したあと、規則正しいエネルギーを感じられるかチェックします。感じとれれば浄化は完了しており、いつでも魔法に使えます。

❹自宅で行う浄化法（４大元素を使えない場合）

祭壇があれば祭壇で、なければテーブルの上で行います。日の出から日中の間に行うのが最も効果的です。

洗面器にきれいな水を張り、テーブルあるいは祭壇上の西側に置きます。南側には火を灯した赤いキャンドルを、東側にはインセンスを焚いた香炉を置きます。最後に掘ってきたばかりの土を入れた皿か植木鉢を北に置き、これらの中心に浄化したい石を置きましょう。

すべて並べ終わったら心を静め、陽の手で石を取ります。土の入った皿に意識を向け、石を置いて土をかぶせてから、次の言葉を唱えます。文言は違ってもかまいません。

「私は土の力を借りて汝を清めよう」

そのまま２、３分石を放置し、石の不浄なエネルギーを土が吸い取る様子をイメージしましょう。

石を取り上げて土を払い、インセンスの煙に当てます。次のように唱えながら、右から左に煙に９回くぐらせます。

「私は風の力を借りて汝を清めよう」

さらに次のように唱えながら、石をキャンドルの炎に数回くぐらせます。

「私は火の力を借りて汝を清めよう」

火が負のエネルギーをすべて燃やし尽くします。
石を水の中に入れて、次のように唱えます。重ねて言いますが、言葉は違ってもかまいません。

「私は水の力を借りて汝を清めよう」

水が石を洗い流して清めるさまをイメージします。
そのまま石をしばらく水に浸けてから清潔な布で拭き、陰の手で持ち波動を感じとります。
どうでしょうか。石は浄化されたでしょうか？　そう感じられなければ、納得できるまでこのシンプルな儀式を繰り返し行います。浄化が終わったら、専用の場所で保管します。
さあこれで魔法に使う準備が整いました。

第8章
石に秘められたストーリー

知識は魔法実践の不可欠要素
石と同調すれば石が語りはじめる

　魔法に使う石の情報を事前に知っておくのは大切なことです。よく知れば知るほど、石の持つ力をより効果的に活用できます。アメジストを使うならアメジストに意識を同調させると、この石に関する魔法的な力をより知ることができます。第2章で魔法に必要な「3つの条件」のひとつとして知識を挙げましたが、この知識こそが魔法における真の道具なのです。

　まず10個ほどの石を集め、その石について瞑想を行い、情報を確認します。そのリストに、今後人生に必要となる石を少しずつ増やしていきましょう。私は最近、自分のリストにスギライトを加えました。こうしておくと、魔法の儀式が必要な状況になったときに、どの石を使えばよいかが自然に分かるようになります。

　石との瞑想は1日にひとつずつ行ってください。もし午前中にシトリン、午後にアベンチュリンを探究した場合は、それぞれに1日ずつ費やした場合と比べ、石とのつながりは浅いものとなります。

　それぞれの石とのセッションは、1日のうちに2、3回は行いましょう。それほど大変ではありません。最初にしっかりとしたセッションを行えば、あとは当日中に2、3回石を見つめるか、しばらく手に持つだけで大丈夫です。

　石に秘められたストーリーを「聞く」には、石が自らあなたに語りかけるように考え出されたシャーマニズム的方法があります。宇宙は常に私たちに語りかけています。それに耳を傾けることを忘れてはなりません！

　必要に応じて石を浄化します（第7章を参照）。石を使って何をしたい

かによって、30分から1時間くらい時間をかけましょう。

　次に静かな場所を見つけます。庭、家族が寝静まっていればリビングルーム、あるいは近くの森の静かな窪地などがよいでしょう。街中の公園や屋上でもかまいません。可能であれば、屋内よりも屋外のほうが理想的です。

　これから述べる手順は2つの領域を使います。ひとつは私たちのサイキックな部分、つまり自覚の及ばない無意識である深層意識です。このうちの一部は、最近では「右脳」と呼ばれています。もうひとつは私たちの自覚の及ぶ理性的社会的に制御された意識を使うもので、こちらの意識は「左脳」として知られています。

※　石の声を聞く手順

❶石と向き合う

　地面、床、テーブルに石を置き、それに向かい合ってゆったりと座ります。腕を伸ばせば石に届くくらいの距離が最適です。目を閉じ、自分の息づかいに耳を傾けます。意識を静め、深くリズミカルに呼吸します。

❷意識で石を探す

　目を閉じたまま、陰の手（右利きの人は左、左利きの人は右）を伸ばします。床から10センチくらい上で静かに前後に動かしましょう。手のひらに意識を集中し、石を探します。石のエネルギーを感じようとせず、無心で行ってください。

　私が小さな水晶でこれを行ったときは、水晶の上を手が横切るたびに、放出されている何かを強く感じました。手のひらの一点が温かくなり、脈打つような感覚だったと思います。

　手を水晶から遠ざけるとその感覚は消え、また石の上に持っていくと、エネルギーの流れが手を突き抜けてくるのを感じました。何やら超自然的な出来事だと思われるかもしれませんが、私たちにはこうしたものを感じとる能力があります。そしてこれを働かせることが、魔法には不可欠なのです。

❸石をつかみ取る

　手のひらで石の位置を確認したら、もう一度意識を集中して正確な位置を決め、つかみ取ります。すべての指が均等に石にかからなかった場合は、もう一度やり直しましょう。

　まだ目はつぶったままです。今度は潜在能力を働かせます。陰の手でしばらく石を持っていてください。今度は接触しているので、エネルギーを感じとりやすいと思います。どんなふうに感じますか？

　あなたの気分に変化はあるでしょうか？　幸せな気持ちになりましたか？　心が落ち着きましたか？　元気が出ましたか？　興奮しましたか？

❹石からエネルギーを感じとる

　目をつぶったまま、石を体から数センチ離してみてください。胴から遠ざけ、頭の上まで持ち上げます。感覚に変化はありましたか？　体の中に石のエネルギーが流れ込んでくるのを感じたでしょうか？　それは暖かい太陽の光のようですか？　それともひんやりとした月の光のようですか？

❺石の感触を探る

　次に石を陽の手に移して、石の感触を探ってください。なめらか、つやつや、ざらざら、筋が入っている（波紋形あるいは溝形）などいろいろあるでしょう。簡単に砕けますか？　触るとひんやりしますか？　それとも温かいですか？

❻石の重さを感じる

　これらの特徴を指で調べたら、今度は石の重さを感じます。軽いですか？重いですか？

　印象、感触、感情への影響（ある場合のみ）など、すべてを記憶します。

❼目で石の状態を見る

　今度は目を開いて、じっと石を見ます。心で受け取ったばかりの情報をふまえて、今度は目で石を探ります。前にも見ているはずですが、これほど感覚を働かせたあとですから、見え方がきっと違うはずです。

　しばらくの間石を眺めてください。ただじっと見るのです。新たな目で、シャーマンの目で……。そして見えるものを分析し理解し、意識を柔軟に働かせます。

石の形は？　まだ加工されていない天然石なら、それは自然な結晶ですか？　それともごつごつした鉱石の塊？　あるいは水の中で転がり摩耗した石でしょうか？　もし結晶ならば何面体ですか？　それぞれの面は整っていますか？　それとも不揃いですか？　表面はなめらか？　それとも溝がありますか？

❽目で石の色を見る

次は色に注目します。全意識を色に集中させます。濃いですか？　薄いですか？　明るい？　暗い？　心地よい？　それとも不快な感じ？　あなたの気分に変化はありますか？　魔法あるいはそれ以外において、あなたとその色との関わりはどんなものですか？

その石は完全に不透明ですか？　半透明ですか？　透明ですか？

これらの疑問について、石に語らせます。医師が患者を診るように、石をじっくりと観察してください。石はさまざまな特徴を示して、その魔法的な性質と用途を明らかにしているのです。

集中が切れてきたと感じたら、あるいは何か邪魔が入ったら、それは石との「会話」が終わったというサインです。石を両手で空に向かって掲げ、次に大地に捧げるようにおろし、それから自身の腹部に当てます。天地に存在する自然界のエネルギーに石の全体像を示すことが、このセッションの終了の儀式となります。

以上がすんだら、石に関する情報を本で探してみましょう。本書でなくてもかまいません。あなたが発見した情報と、本に書かれていることが一致しているか確認するのです。

記録しておきたい人は、セッションについてまとめてみてください。石の名前とエネルギー、あなたが感じとったことを書きとめます。

またセッションを終えたら、2、3時間その石を持ち歩いてみてもいいかもしれません。自分の中で変化が生じているか、意識を向けて感じてみましょう。

持ち歩かない場合は、石を安全な場所に保管しておきます。祭壇があれば祭壇の上がいいでしょう。そのままではなく、パワーバッグ（巻末の用

語集を参照）に入れて保管します。
　石を使った瞑想は、これで終わりです。

　繰り返しますが、セッションは自分が必要と感じるだけ１日のうち何度も行ってください。１回のセッションですべてを感じとれる人もいれば、そうでない人もいます。日の出や日没の時間帯に行うことができれば、それが理想的です。なぜなら昼と夜が移り変わる時間というのは、潜在意識（夜）と理性的意識（昼）が移り変わる象徴的な時間帯であるからです。
　石の魔法を実践している友人がいれば、その石にどんな印象を持ったか聞いてみましょう。好きなだけ情報を分かち合っていいのです。こうした情報は独占する性質のものではありませんから。ただし、人の印象は自分の印象とはまったく違う場合もあるということは、覚えておいたほうがよいかもしれません。
　ここまでの手順を、ずいぶん面倒だと感じた人もいるのではないでしょうか。このような儀式を行わなければ石の魔法はうまくいかないのかというと、そんなことはありません。うまくいかないときもありますが、問題なく成功する場合もよくあります。けれども石の魔法において、石という素材から感じるパワーは魔法に使うエネルギーのごく一部にすぎません。石は、私たちの内にあるパワーを呼び起こし働かせるための焦点として使うことも多いのです。
　儀式を行っているとき、自分自身のパワーを石に送り込むと、石はレンズのように作用してエネルギーを凝縮し、同時に石自体のパワーと合体させて対象に向け発射します。
　形状、色、パワーなど石を詳しく知れば知るほど石との結びつきが強まり、自分のパワーをより確実に注ぎ込めるようになります。石の魔法は道具とする石についてよく知らなくても、うまくいくこともあるでしょう。でも単なる木彫り職人でも強い意志を持って鍛錬を積み重ねていけば、すばらしい芸術家へと変貌していくように、石とのセッションを堅実に行うことで、魔法の効力はどんどん高まっていきます。この手順を省くかどうかは自由ですが、省けば魔法の半分は眠ったまま終わってしまうでしょう。

第9章
石の占い

> 占いにおける未来は偶然が決める
> 偶然とは宇宙（神や自然）の意志である

　占いは、さまざまな道具を使って未来を垣間見る魔法のプロセスです。タロットカードもその道具のひとつですが、ほかにも空に浮かぶ雲の形を見て占ったり、カップに残った茶葉の形から占うものなど、種類はさまざまです。

　意識的に潜在意識を働かせることができない人間にとって、占いは次善の策といえるかもしれません。この魔法では、私たちは示されたシンボルに意識を集中し、それが潜在意識に語りかけてくるのを待ちます。コインやルーンストーンや窓についた水滴などのシンボルは、潜在意識を活性化するための鍵として働くのです。

　占いには何百もの種類があり、はるか昔から多くの文化において行われていました。個人が私的に行っていたもの、巫女や祭司やシャーマンが行っていたものなどさまざまです。このような起こりうる未来の出来事を知ろうとする試みは、今昔を問わず人々の興味の対象であり、現在にまで引き継がれています。

　私が「起こりうる未来の出来事」と書いたのは、石に何かが刻まれているわけではないからです。未来は事前にすべてが決まっているわけではありません。私たちの人生は、占いが示したとおりに展開するものではないのです。誰もが毎日1分1秒を懸命に生きて、未来をつくり上げていきます。人生とは、自らの選択を積み重ねた結果といえるのではないでしょうか。

　自らの選択という要素に加えて、他人から受ける影響もあります。場合によっては他人に人生を左右されることさえあります。また宇宙には未来

を常に変化させる満ち引きのような力が存在しますが、これらがどう働くかを予測するのは不可能です。

でも不可知な事柄まで考える必要はありません。私たちは道具を選び、儀式を行い、自身の内にある潜在意識にコンタクトをとることができれば、未来を垣間見ることはできるのです。

石は占いの道具として、そして高い効力のあるものとして古代から重用されてきました。重要な決定を行うにあたって助言がほしいとき、将来への不安があなたを襲ったとき、石を見ればよいのです。石があなたの心を落ち着かせてくれるはずです。これから行おうとしている魔法の儀式が目的にかなったものか不安になったら、石で占えばよいのです。すべてがはっきりするでしょう。

ただ頼りすぎてはいけません。占い師にお伺いを立てないと家を出ることすらできない人がいるとしたら、そんなことは信じられないと思うでしょう。でも人はいとも簡単にそのような状態に陥ってしまうものなのです。占いは神による導きでもありませんし、日々の生活に欠かせないものでもありません。人生で必要なときに使うひとつの手段なのです。上手に使えば物事を決定する際の助けとなり、起こりうる危険や体の不調を警告し、問題を解決する別の視点を提供してくれるものなのです。

占いは刺激的な体験かもしれませんが、楽しさの追求や退屈しのぎで行うべきではありません。魔法と同じように、本当に必要なときに行いましょう。

※ 偶然が未来を決める

ほとんどの占い体系には、「偶然」の要素が含まれています。私たちが未来の扉を開く手助けをするのはどの道具——この場合は石——なのか、決めるのは"偶然"です。袋の中からランダムに石を取り出すとき、タロットカードを切るとき、易占いで筮竹を引き出すとき、コインを投げるとき、そこには偶然が介在します。つまりどの石やカードが最適かという選択を、宇宙（自然や神）にゆだねているのです。

占いのなかには、潜在意識とより直接的にコミュニケーションをとりながら行うものがあります。たとえば振り子を使ったもので、手や腕をほとんど動かさずに振り子を揺らします。この動きを読み取って答えを出すのですが、振り子を動かしているのは潜在意識です。

　「偶然」と「潜在意識との直接的なコミュニケーション」の両方を組み込んだ占いもあります。

　もしあなたが意識的に潜在意識を働かせられるのなら、占いは必要ありません。それができないのであれば、本章で説明する占いをどれか試してみてはどうでしょう。実行するにあたっては、次のことを心に留めておいてください。

　適切な意識状態に入り、示されたシンボルによってあなたの潜在意識にコンタクトするには、セッションを何度か行わなければならないこともあります。もし占いでよくない結果が出たとしても、未来は決まっているわけではありませんから、魔法でそれを変えればよいのです！　一方で、あまりにも希望どおりの結果が出たら、自分に問い直してみましょう。願望を意識的に結果に反映させてしまったのではないか？　占いの仕組みをきちんと理解していなかったのではないか？　この方法はそもそも自分に適していなかったのではないか？　言い換えると、この道具は私の潜在意識に語りかける力を持っていなかったのではないか？

　占いは必要性があって行うものです。もし誰かと電話や手紙のやり取りだけで問題が解決しそうなら、そちらを優先しましょう。それがうまくいかなかったときに石を使った占いを行うのです。

✺　スクライング………石の中に未来を見る

　スクライングは、光を反射するなめらかな石の表面をじっとのぞき込む占いです。じっとのぞき込み、そこに物理的光には反応しない映像を見るのです。

　石を使ったスクライングは、占いのなかで最もよく知られています。美しく磨かれた光沢のある石は、何千年も前から潜在意識を目覚めさせ活性化させる手段として使われてきました。

水晶占いといえば、たぶん誰でも聞いたことがあるでしょう。魔術や占いに使われるこの道具は、単に水晶を球状に成形しただけのものです。大きくて透明な水晶玉は1,000〜10,000ドル（約12〜120万円：2016年1月現在）もしますが、直径が3センチ以下の小さなものは20ドル（約2400円）程度で買えます。B級映画でよく見かける直径18センチほどのものは、ガラスやプラスチック製です。これほど大きい本物は希少ですし、きわめて高価です。でもサイズにこだわる必要はありません。

　スクライングに使われる石は水晶だけではなく、ほかにもいろいろあります。古代メキシコでは四角く平らな黒曜石、ルネッサンス時代には球あるいは卵形のベリルが好まれていました。ただ人々の想像力を刺激するものとしては、水晶が長きにわたりトップの座に君臨しています。

　以下に水晶玉によるスクライングの手順を説明しますが、これは一応の目安にすぎません。どの魔法もそうですが、最終的にはあなたの心が語りかけてくるやり方で行ってください。

❖水晶玉の純化の手順❖
❶洗って乾かす
　水晶玉を手に入れたら、水できれいに洗いましょう。しっかり乾かしてから、黒や黄または白の布で包みます。
❷水晶玉の純化
　昔からスクライングに使う水晶玉は決して日の光には当てません。日光は潜在意識に働きかける能力を、阻害すると考えられているからです。ですから水晶玉の純化は、日光ではなく月の光で行います。できれば満月の夜に、目的——この場合は"効果的なスクライング"——に従ってエネルギーをチャージします。布にくるんだ水晶玉を取り出し、月に向かって両手で掲げてください。
❸視覚化
　空から降りてくるひんやりとした光を感じましょう。その光が水晶にも降り注ぎ、水晶とあなたのエネルギーを調和させる場面を心に描きます。さらに水晶玉を使ったスクライングに成功している様子もイメージします。

❹水晶玉をくるむ
　しばらく時間をおいてから、水晶玉を包み直します。これで純化が終わりました。

❖スクライングの手順と注意点❖
❶行う時間帯を決める
　最適な時間帯は夜です。夜は潜在意識の象徴であり、かつ夜には雑多な邪魔が入ることがありません。
❷行う場所を見つけて座る
　静かな場所を見つけてゆったりと座り、水晶玉をテーブル上の台座にのせるか、台座がなければ両手で持ちましょう。
❸キャンドルの位置を決める
　キャンドルの光がスクライングに入る焦点となります。なかには水晶に映った炎が気になるという人もいますが、光は間違いなく集中へと導きます。あなたはどう感じるのか実験してみてください。まず白か黄のキャンドルを水晶の背後に置いて試してみましょう。次に横に置き、最後に水晶を囲むように置いてみます。あなたにとってスクライングがやりやすい位置はどこでしょうか。
❹スクライング前の瞑想を行う
　あなたと水晶とキャンドルの位置が定まったら体の力を抜き、目を閉じて深呼吸をします。日常の心配事やストレスといった煩雑な問題を頭の中から追い払いましょう。すべてを忘れ、体も心もリラックスさせるのです。
❺パワーを水晶に送り込む
　それから静かに目を開けて水晶を両手で持ち、占いで知りたいことをイメージしながら、温かくなるのを待ちます。この手間を省くと魔法はうまく働かないともいわれます。手の熱で水晶が温まったら、あなたの内にあるパワーを水晶に注入できたということです。石を台座に戻してもいいですし、そのまま手で持っていてもかまいません。どちらでも心地よいと感じた方法でスクライングに入りましょう。

❻スクライングをする

　リラックスした状態を保ちながら、水晶をのぞき込みます。凝視するのではなく、普通に見つめてください。まばたきはしても大丈夫です。穏やかな心でリラックスしましょう。水晶はサイキズムと水（サイキズムと関係の深い元素）の象徴であり、あなたが知りたい未来を予言してくれることを強く意識しながら、水晶を見つめましょう。順調に進めば潜在意識とコンタクトできて、意識と無意識とのコミュニケーションが成立します。

　何か映像が見えますか？　水晶は映画館のスクリーンのようにはいきません。かすかに煙のようなものが浮かぶくらいが一般的です。はっきりとした像が見える人はほとんどいません。

　そのような映像は、あなたの心の中で見るのです。水晶玉の中に見える像はほとんどが象徴的なもので、未来の出来事を超能力で目撃するというようなものではありません。水晶占いは、象徴的な像を読み解くプロセスなのです。

❼関連づけをして解釈する

　水晶に何も見えない場合、突然あなたの頭の中にある考えが出現するかもしれません。単語、フレーズ、あるいは完全な文章が、潜在意識からポンと浮かび上がってくるのです。実際に水晶の中に見えたことでも、あるいは心に現れた考えや言葉でも、自分が求めていることと関連づけてみてください。

　言葉の場合は簡単です。その言葉があなたにとって意味があるのかどうか？　あるとしたらそれは何かを示唆しているのか？　それとも明確なものか？　自分に問いかけてみてください。

> 事例
>
> 　像が見えた場合は、解釈は少々むずかしくなります。たとえば新しい家に引っ越そうかどうか迷って占いをしてみたら、地を這うヘビの上を飛びまわるコウモリが見えたとしましょう。この映像からあなたは何を読み取れますか？

◎解釈例

"ヘビは知恵を象徴し、コウモリは幸運を表す"と考える人にとっては、引っ越しはイエスあるいは吉。反面"ヘビに恐怖を感じ、コウモリは気味が悪い"と感じる人にとっては、引っ越しはノーあるいは凶となります。

どういうことか、お分かりいただけたでしょうか。象徴的な映像は、いわば潜在意識が使う言語のようなものです。そして言語自体、つまり映像はすべての人に共通に見えても、どう感じるかはそれぞれ異なるのです。あなたが見た映像の意味が、誰にでも同じことを意味するわけではないのです。

❖水晶以外で行う手順❖

水晶玉を見つけられない場合や買う余裕がない場合、あるいは水晶玉を使いたくない場合は、ほかの石を使ったスクライングがあります。自然の状態で光を反射する石――ほとんどは水晶ですが――や内部に動きのある石を、潜在意識の鏡として使うことができます。動きのある石にはキャッツアイ、ムーンストーン、サンストーン、タイガーズアイ、スタールビー、オパールなどいろいろあります。

これらの石を日光か月光の下、あるいはキャンドルの近くで手に持ってください。心を静め、知りたいことを心に思い浮かべながら、石をゆっくりと手の中で動かします。

数分間続けましょう。何かを起こそうと考えず、催眠状態のような両手の動きと石の内部に見える奇妙な動きとが潜在意識に働きかけ、その目覚めを静かに待つのです。そして見えてきた像や浮かんできた言葉を、自分の目的と関連づけて読み解くのです。

✦ 50の石を使った占い………宇宙から直接答えをもらう

これはスクライングとはまったく違う占いです。エメラルドを50個用意できればすばらしいとは思いますが、あまりに高価すぎて現実的ではありませんし、石の種類はそれほど重要ではありません。現実的にはアメジスト、アクアマリン、シトリン、水晶、ムーンストーンなど潜在意識に働き

かける力の強い石を組み合わせて選ぶとよいでしょう。あるいは手持ちの石を使ってもかまいません。この占いではシンボルを解釈するのではなく、宇宙（偶然、女神、聖なる存在、神）に直接答えをもらうのです。

単純な質問しかできませんし、もし希望しない答えが出たとしても、あまり真剣に受け止める必要はありません。でも一方では、まさにあなたの求めている答えを与えてくれる可能性もあります。

袋や箱の中に、ほぼ同じサイズの石を50個入れてください。知りたいことを思い浮かべながら袋に手を入れ、石をひとつかみ取り出します。石を平らな場所に置き、いくつあるか数えます。

奇数だったらイエスあるいは吉、偶数だったらノーあるいは凶です。

✪ 石の色による占い………色が未来を暗示する

この占いでは、石の色によって未来の手がかりを得ます。大きさと形がほぼそろった異なる色の石を用意してください。これらを柔らかい布の袋に入れ、進むべき道についてヒントが欲しいときにひとつ取り出します。この石があなたに方向性を与えてくれます。しっくりこない場合はもうひとつ取り出して、両方の石から答えを読み取ります。

では典型的な色の石と、その色が示す占いにおける象徴するものを挙げておきましょう。色が象徴するものは一般的に受け入れられているものにすぎないので、あなたが違うと感じたら修正してください。

赤の石…………ルビー　レッドジャスパー　レッドアゲート　ロードナイト　レッドトルマリン　ガーネット
　☆象徴するもの：怒りなどの破壊的感情　誕生　変化　性的本能　情熱　結末　エネルギー　対決

ピンクの石………ピンクトルマリン　ローズクォーツ　ピンクカルサイト　ロードクロサイト　クンツァイト
　☆象徴するもの：愛　友情　平和　喜び　人間関係　家族　交流

オレンジの石……カーネリアン　アンバー　シトリン　タイガーズアイ
　　☆象徴するもの：啓蒙　個人の持つパワー　エネルギー　成長

黄の石…………イエロートルマリン　トパーズ　イエローフローライト
　　☆象徴するもの：保護　コミュニケーション　旅　動き

緑の石…………エメラルド　オリビン　グリーントルマリン
　　☆象徴するもの：ヒーリング　金運　富　幸運　繁栄

青の石…………セレスタイト　アクアマリン　ソーダライト　ブルー
　　　　　　　　クォーツ　ブルートルマリン　ターコイズ　サファイア
　　☆象徴するもの：平和　眠り　癒し　浄化　感情　潜在意識

紫の石…………スギライト　レピドライト　アメジスト
　　☆象徴するもの：霊性　進化　神秘主義　膨張　輪廻

これらの石をどう解釈すればよいのでしょう。

> **事例**
> 　最近こんなに落ち込んでいるのはなぜなのか？　特に理由がないのに、何週間も気分が沈んだまま思い悩んでいるのはなぜなのか？

◎解釈例
　そこで理由を探ろうと、私は心を静め、石袋の中に手を入れます。取り出したのは緑の石でした。最初に心に浮かんだのはお金です。さらに解釈の材料が欲しくてもう一度手を入れると、今度は赤の石をつかみました。じっと見つめると、「エネルギー」という言葉が心をよぎります。石が示したのはお金とエネルギー。私が知りたいのは、落ち込みの原因です。
　充分にお金を稼げないので、気分が沈んでいたのでしょうか？　いいえ、違います。お金を稼ぐという行為に充分にエネルギーを注いでいない、つ

まりちゃんと仕事をしていないということなのでしょうか？　こちらはありえそうです。よくよく分析すると、これが正しい気がします。
　こうして私は、落ち込みの原因と思われるものを見つけました。では、どう対処すればよいのでしょう？

○対応策

　今の精神状態を変えるために魔法を使うのです。落ち込みがちな気持ちを前向きに変化させます。仕事を増やすのもひとつの方法ですが、魔法を使えば、もっと効果的です。そこで私はこれから前向きに進んでいけるように緑と赤の石を身につけることにします。
　お分かりいただけましたか？
　いつもこんなふうに簡単にはいきませんが、まず試してみてください。そしていろいろな占いをやってみて、自分に合う方法を見つけましょう。
　占いは私たちに将来の方向性を示してくれるのです。

第10章
石のタロット

運命を暗示するのはカードではなく石である
22の石で構成され、大アルカナに対応

　占いの道具であるタロットは神秘主義に基づくひと揃いのカードです。現在その人気はかつてない盛り上がりを見せており、次々と新しいものが発売されています。お金はかかりますが、それらを収集するのも楽しいものです。

　第9章では石を使った占いについてお話ししましたが、本章ではより複雑な占い──「石のタロット」について解説していきましょう。

　石のタロットは、それぞれのカードがさまざまな運命を暗示する通常のタロットとよく似ています。違いは、運命を暗示するのがカードではなく石だということだけです。この占いを行うときはカードではなく、それぞれの石が象徴するものを思い浮かべて、状況を読み解きます。

　一般的にこのタイプの石のタロットは、ライダー社ウェイト版をはじめほとんどの主要デッキの大アルカナ（タロットカード78枚のうち寓意画が描かれた22枚のこと）に対応しています。私は通常、タロットのそれぞれのカードに割り当てられているキャラクターを、象徴的意味は変えずに古くからある多神教的要素に置き換えて、デッキからキリスト教の影響をなるべく排除しました。

　具体的に言うと、ウイッカの世界観を当てはめたのです。たとえば通常タロットの3番のカード「女帝」は、石のタロットでは「女神」です。「女神」にはオリビン、ペリドット、ターコイズ、あるいはこれらの代替石を使い、潤い、女性、母性、宇宙の持つ力の創造的側面──すなわち陰のエネルギーを表します。女神はウイッカでは神と並ぶ聖なる存在です。ルビー

を使う「神」は、ライダー社ウェイト版のデッキでは「皇帝」のカードに相当します。

　石のタロットは22の石で構成されます。石は同じくらいの大きさが理想的ですが、直径2.5センチ大のローズクォーツと同じサイズのエメラルドを買う必要はありません。莫大な金額になってしまいますから。代わりにタンブルストーン（磨き石）が最も適していますが、結晶を使ってもよいでしょう。

　私が示した石とタロットカードの組み合わせがしっくりこない場合は、それにこだわらず自分なりに組み合わせてみてください。

❈　石のタロットの実践

　石を22個用意し（石のタロットは数が足りないと行えません）、ひとつひとつ浄化します。なじみのない石があったら第8章の手順に従って石への理解を深め、その象徴するものと魔法的用途を見つけ出します。

　浄化が終わったらそれぞれの石について、後述する占いのために必要な情報をよく確認してください。ひとつずつ石を手に取って確認作業を行いながら、石と心を合わせていきます。すべての石が終わるまでは、タロット占いを行わないほうがよいでしょう。もちろんこの章の情報をその都度照らし合わせて進めることもできますが、そのようなやり方はお勧めできません。文字の情報に頼りすぎると、石の声をきちんと聞き取れなくなるからです。石を見た瞬間、石が示す象徴や用途がフラッシュのように心に浮かんでくるようになることが理想です。

　ひとつひとつ石を眺めながら、その石が象徴するものを思い浮かべます。ほかの石との距離や相対的位置関係などを把握してください。これらの情報があなたの潜在意識を目覚めさせ、現状を打開し、起こりうる未来に対応するための鍵を与えてくれるのです。

　石を使用しないときは、黄色い布の袋に入れておきましょう。別の容器でもかまいません。ときどき月光に当てます。

　ラピスラズリ、ムーンストーン、アズライトなどサイキック効果の高い

石を身につけると、潜在意識をより活性化させてくれます。石を投じる際に黄のキャンドルを燃やしてサンダルウッドのインセンスを焚いたり、チュベローズ（月下香）、ナツメグ、レモングラス、サンダルウッドなどのオイルを体に塗ってもよいでしょう。

この手順に従えば、石からのメッセージはおのずとあなたの前に示されます。解釈も難しくありません。きっとあなたの役に立つことでしょう！

大アルカナの構成要素とそれぞれに対応する石を提示しておきますので参照してください。名称が修正されているものもありますが、基本的な意味は通常タロットと同じです。（）内の名称が通常タロットのものです。

大アルカナの構成要素と対応する石

0. 愚者……………………アゲート
1. シャーマン（魔術師）……水晶
2. 女司祭長（女教皇）………エメラルド　パール
3. 女神（女帝）……………ペリドット　オリビン　ターコイズ
4. 神（皇帝）………………ルビー
5. 司祭長（教皇）……………トパーズ
6. 恋人………………………ローズクォーツ
7. 元素（戦車）………………スタウロライト　キャストライト　ツイン・クリスタル
8. 力…………………………ダイヤモンド　ハーキマーダイヤモンド　ガーネット
9. 賢者（隠者）………………サファイア　ブルートルマリン
10. 螺旋（運命の輪）…………サードオニキス　ブラックオパール
11. 正義………………………カーネリアン
12. 始動（吊るされた男）……ベリル　アクアマリン
13. 変化（死神）………………アンバー
14. 節制………………………アメジスト
15. 愚劣（悪魔）………………ブラックダイヤモンド　ブラックトルマリン　黒の四角い石

16. エネルギー（塔）………… ロードストーン　ラバ
17. 星 …………………… メテオライト　各種のスターストーン
18. 月 …………………… ムーンストーン　カルセドニー
19. 太陽 ………………… タイガーズアイ　サンストーン
20. 再生（審判）………… 化石
21. 世界 ………………… オパール　クンツァイト

　リストには推奨する石を1～2個挙げてあります。これらの石が手に入らないときは代替石でもかまいませんが、ほかで使っていないことが条件です。たとえばペリドットはエメラルドの代用として使えますが、これをすでに「女神」に割り当てているときは、「女司祭長」には使えないということです。

構成するシンボルと暗示する意味

構成するシンボル		暗示する意味
0. 愚者	アゲート	散在するエネルギー　浪費　無駄　不安定　不均衡　プライド　自我　尊大　虚栄心
1. シャーマン（魔術師）	水晶	魔法の達成　コントロール　パワー　バランス　中心　心身統一　自己認識　奥行き　自信
2. 女司祭長（女教皇）	エメラルド　パール	霊性　秘密　パワー　大地信仰　未知なるもの　女性の謎
3. 女神（女帝）	ペリドット　オリビン　ターコイズ	陰性エネルギー　女性　循環　豊穣　創造性　豊富　成長　愛　女性の性　金運　母
4. 神（皇帝）	ルビー	陽性エネルギー　男性　慈悲　力　動き　攻撃　男性の性　父
5. 司祭長（教皇）	トパーズ	権力　監禁　制限　放棄　助言　雇い主　名誉　技術

6. 恋人（恋人）	ローズクォーツ	愛　性　関係　友情　二重性　両極性　共生　バランス　美しさ　家族
7. 元素（戦車）	スタウロライト　キャストライト　ツインクリスタル	大地のパワー　自然　自己統制　勝利　成功
8. 力（力）	ダイヤモンド　ハーキマーダイヤモンド　ガーネット	力　勇気　意志力　活動
9. 賢者（隠者）	サファイア　ブルートルマリン	知恵　知識　神秘主義　啓蒙
10. 螺旋（運命の輪）	サードオニキス　ブラックオパール	変容　運命　幸運　外部エネルギー　未知の要素
11. 正義（正義）	カーネリアン	法　法に関わる事柄　支配　服従　外部権力
12. 始動（吊るされた男）	ベリル　アクアマリン	内省　試練　試験　犠牲
13. 変化（死神）	アンバー	刷新　始まり　終わり　試練　健康に関わる事柄
14. 節制（節制）	アメジスト	節度　エネルギーの散在　注意散漫　閉鎖　規律　バランス
15. 愚劣（悪魔）	ブラックダイヤモンド　ブラックトルマリン　黒の四角い石	依存　思い込み　憐憫　落ち込み　暴力　狭量　展望の欠如　他者による支配　服従
16. エネルギー（塔）	ロードストーン　ラバ	逆境　事故　挑戦　抑圧
17. 星（星）	メテオライト　各種スターストーン	宇宙エネルギー　占星術　日食　月食　旅　希望
18. 月（月）	ムーンストーン　カルセドニー	サイキズム　感情　落ち込み　夜　冬　眠り　夢　潮　磁力　水

19. 太陽（太陽）	タイガーズアイ サンストーン	精神活動　知性の偏重　思考 視覚化　満足　雇用　昼間 太陽　季節
20. 再生（審判）	化石	逆転　結果　進化　成長 生命　出産　教訓
21. 世界（世界）	オパール クンツァイト	相互作用　成功　進展　収穫 概観　能力　完成　高次の力

　ご覧になっていかがですか。それぞれが暗示する意味は、抽象的で分かりにくいと感じたのではないでしょうか。前にも述べたように、どの占いにおいてもシンボルは自分で解釈しなければなりません。

　石のタロット占いで最もシンプルなやり方は、あなたの疑問やどんな風に助けてほしいかを具体的にイメージすることです。イメージしながら袋から石をひとつ取り出します。すでに石を熟知し石と同調できる人なら、手にとった石を見た瞬間に納得して終わりです。

> 事例
>
> 　たとえば私があるプロジェクト――仮に新しい本の出版とします――について、執筆の時間とエネルギーを費やすに足るかどうか迷っているとしましょう。出版社に相談しても友人たちからの意見を聞いても、いまひとつ確信が持てません。

◎解釈例

　そこで私はタロット用の石を入れた袋に手を伸ばし、石をひとつ取り出します。ほとんどの石は指先で触れるだけで識別できるのですが、そのような意図を入れず潜在意識に任せて石を選びます。

　手で石のエネルギーを感じながら、取り出したオパールを見おろします。すると、この石が象徴する宇宙、成功、進展、完成が、続いて収穫と能力が心に浮かびます。どうやら本は成功しそうです。

　最初に取り出した石だけでは納得のいく答えが得られなかったら、もう

ひとつ石を選び両方を合わせて解釈しましょう。

◈ レイアウト………数個の石によるタロット

　石のタロットには、もっと複雑なやり方もあります。レイアウトと呼ばれるもので、まず数個の石を選びます。それらを表面が平らな場所に特定の図形を描くように配置します。置いた石を順番に図形と関連させながら解釈していきますが、ほかの石との関連づけも考慮に入れます。
　石を置く図形のバリエーションは無数にありますが、ここではふたつ紹介しましょう。もちろんあなたの好きな形でもかまいません。

❖3つの石❖

　この方法は問題の本質を見極めたいとき、人生を概観したいときには、理想的な形です。まず袋から石をひとつ取り出し、自分のやや左側に置きます。これはあなたの現在に大きく影響を与えた直近の過去を表します。次に2番目の石を取り出し、最初の石の右側に置きます。この石はあなたの現在の状況です。2番目の石の右に置く3番目の石は、未来を示しています。
　この3つの石をすべて合わせて、解釈します。

❖ペンタグラム（五芒星形）❖

　まず頂点のひとつがあなたから見て上向きになるように、大まかに五芒星を描きます。その各頂点に石を置いていきます。最初の石は右上の頂点に置きましょう。これはあなたが抱えている問題に対する自分自身や他人の感情を表しています。
　2番目の石は右下の頂点に置きましょう。争い、束縛、誤解などを表します。また向き合わなくてはならない障害も表します。
　3番目は左下の頂点に置きましょう。問題の根幹、存在する理由、背後で働く力を表します。
　4番目は左上の頂点に置きましょう。これはこの問題に対するあなたの考えを示しています。この考えはあなたを妨害している場合も、助けてい

る場合もあります。

　5番目は真上の頂点に置きます。これは最終的な結果を表します。
置いていった順に石を読み取っていきます。全部並べ終わってからでもいいですし、ひとつ置くごとに行ってもかまいません。

　それぞれの石を読み取るときには、近くの石とのつながりも考慮することを忘れないでください。

　ページ数が限られているため、この章で紹介した石のタロットは、ほんの入門部分にしかすぎません。何度も挑戦して、自分なりのやり方を見つけてください。

　あなたの意識に石が語りかけてきた情報を選択するのです。あなたが聞いた石の声を優先するのです。タロットのシンボルと石の組み合わせについても、自分が感じたものへどんどん変えていいのです。日々実践を重ねていくうちに、石のタロットがどんなに神秘的で魅力的なものか、きっと気づいていただけることでしょう。

第11章
装身具に秘められた魔力

古代の人々は自然の物質にパワーを見いだし
魔法の道具として装身具を生み出した

　装身具は起源をたどれば、本来魔法に使うものでした。特に驚くことではありません。前にも述べましたが、私たちのほぼすべての風習や、そこから生まれた技術は、魔法に彩られた古代の信仰から始まったものなのです。

　はるか昔、装身具はよくないもの——これは次第に「悪霊」と呼ばれるようになります——を撃退するために身につけられるようになりました。また死者を守るための副葬品として墓に納められました。

　やがて物体の持つエネルギーが認識されるようになると、ある種の石やメタルは体の各部と関連づけられ、健康を守るために利用されるようになります。人々はこれらに加えて角、羽根、骨といったさまざまなものを愛や健康を得るために、富を引き寄せ人生のさまざまな必要性を満たしてもらうために、身につけるようになったのです。

　昔の人は自然のままの石にエネルギーを見いだし、儀式に利用していました。でも採掘、冶金、宝石細工の技術が発達すると、精巧に加工した石も魔法に使うようになったのです。

　自然に対する崇敬よりも物質主義が優勢になった社会では、装身具は純粋に美しく装うため、あるいは権威の象徴となり、その存在価値を変えていきます。たしかに今でも婚約指輪や結婚指輪など儀礼の一部として使われる装身具はありますが、かつてのような魔法的意味合いは失われています。

　この章では、過去と現在における装身具が持つパワーとその象徴するも

のについて、軽く触れたいと思います。

19世紀までは、ほとんどの西洋世界において装身具の歴史はすなわち魔法の歴史でした。古い書物にはこの魅力的な話題についての記述が豊富に残されています。宝石の魔法についてさらに詳しく知りたい方は、巻末の参考文献リストを参照してください。

✡ 指輪………永遠、結合、輪廻、宇宙の象徴

指輪は輪であり、永遠、結合、輪廻、宇宙の象徴です。古代には太陽や月とつながっているといわれていました。守護、防御の力を持ち、その連続性によってネガティブなものを撃退してくれるものでした。

指輪は永遠を表すことから、今でも結婚など人と人との結びつきの象徴とされています。

かつてすべての指輪には魔力があり、聖なるものとして位置づけられ、神々も指輪をつけていました。バビロニアの神話にはシャマシュ（太陽神）とマルドゥーク（主神）の指輪にまつわる話がたくさんあります。指輪は黄道帯、陰陽、魔術師やウイッカ信者の使う魔法円を体現しているともされ、魔法的観点から見たその歴史は複雑に込み入っていますが、とても魅力的です。

身につけると、指輪はその魔力であなたを力やエネルギーと結びつけてくれます。それがどんなエネルギーかは、指輪の材質とあなたが行った視覚化の内容によって変わってきます。

モノや人を結びつけるという象徴性があまりにも広まったために、やがて指輪は宗教においても魔法においても使用を制限されるようになりました。古代ギリシアやローマ時代、それぞれの神に仕えていた祭司たちは神殿に入る前に指輪を外しましたし、永遠につけることを禁じられている指輪もありました。また古代の巡礼者は肉を断ち、セックスを慎み、指輪をすべて外したそうです。今でもシャーマンのなかには、儀式の前に体を締めつける衣類や指輪を外す者もいます。

指輪にはエネルギーを体内にとどめる作用がありますが、それがパワーを解放する際の妨げになると考えられていました。そのため、内にあるパ

ワーを標的に向けて発射するときには、指輪はタブーとされていたのです。

　より高次の存在に向き合うスピリチュアルな儀式でも、指輪は同じ理由で、儀式のプロセスを阻害するとされていました。

　魔法に使うにあたっては、指輪の外見的な美しさや素材の金銭的価値はあまり重要ではありません。それよりも全体のデザインや、どんな素材（メタルや石）で作られているかが、選ぶ際のポイントです。

　魔法用の指輪は、魔術関連用品店で購入できます。特定の目的のためにオーダーメイドで作ることもできます。また宝石職人の技術を習って自分で作る人も大勢いますので、それができれば理想的です。

　魔法に使うときには、指輪をどの指にはめるかが重要な意味を持ちます。かつては人差し指や薬指は特にパワーのある指とされ、ハーブ薬を塗るときには治療効果を高めるために薬指を使っていました。そう考えると早期の病気回復を願う石の指輪は、この指につけるのが最適でしょう。

　アメリカでは中指を立てた仕草はきわめて侮辱的ですが、長い間この指に指輪をつけるのは不吉だとされていました。

　かつて指輪は薬指につけるのが一般的でしたが、これはこの指の神経が直接心臓とつながっていると考えられていたからです。今でも婚約指輪は伝統的に薬指につけています。

✹ ネックレス………ウイッカでは生まれ変わりと女神を象徴する

　ネックレスはいわゆる首につける大きな指輪なので、その効果や使い方は指輪とほとんど同じです。基本的に指輪よりも心臓の近くにつけるので、感情への働きかけや、愛を引き寄せ絆を強めたいときにより効果を発揮します。

　現代のウイッカ信者の女性たちは、生まれ変わりと女神を象徴するものとして石のネックレスを好んで身につけています。ネックレスをつけると、石の持つパワーで自分を囲む（パワーと自分をつなぎ合わせる）ことになるので、石のエネルギーは増大します。石をひとつだけ独立して使うよりも、いくつもつなぎ合わせるほうが、はるかに大きな効力を持っているのです。

✪ イヤリング………元来耳を守るためのもの

そもそもイヤリングは、悪いものや病気から耳を守るためにつけるものでした。ところが奴隷たちがその身分を示すものとしてつけさせられるようになると、隷属の象徴となりました。

イヤリングは耳につける指輪です。装着できるように耳たぶに穴をあけるという風習は、はるか昔から行われてきました。

魔法的、宗教的理由によってリングは全身のあらゆる場所に装着されてきましたが、最初は耳や鼻でした。今でもインドでは、身を守るとともに装飾用として鼻ピアスが使われています。

イヤリングには俗信があり、たとえばつけると目がよくなり、特にエメラルドのものは効果が大きいとされています。ゴールドのイヤリングは頭痛に効くという伝承も広く信じられていますが、片方をゴールド、片方をシルバーにするべきだと主張する人たちもいます。

第12章
身近な石を使った魔法

貴石や半貴石ではない身近にある石たち
そのエネルギーを結集して変化を起こす

　貴石や半貴石はさまざまな魔法に使われてきましたが、それは平凡な普通の石も同じです。自然の事物で魔法に使えないものはないのです。

　本書ではこれまで、色、形状、外観、透明度、およびそのほかの要素から石の持つパワーを読み解く方法を見てきました。後述のパート2では魔法に使われる主要な石について、個別に細かく説明していきます。

　この章ではその流れからいったん外れて、裏庭や海岸など身近な場所に転がっている石を使ったささやかな儀式をお教えしましょう。

　これらの魔法では視覚化のパワーと集中力を使い、石を通してエネルギーを標的へと送り込みます。このとき石は焦点として働いたり、石自体の持つわずかなパワーを加えたりして役割を果たします。石を一種のアミュレット（負のエネルギーをそらすもの）やタリスマン（特定の力やパワーを引き寄せるもの）とする儀式もありますし、石を積みあげてケルンを作り、大地からエネルギーを集める儀式もあります。このとき構成するそれぞれの石には強いパワーがなくてもかまいません（詳しくはこのあと「パワーのケルン」で説明します）。

　これから示す魔法には、複数の鉱物が混じり合った平凡な石たちが登場します。たとえば石英やホルンブレンド（普通角閃石）をはじめさまざまな鉱物で構成されている花崗岩などです。先ほども述べましたが、この魔法では石自体のパワーはあまり重視しません。これらの石に何のパワーもないという意味ではなく、単独ではアメジストやカーネリアンなどのよう

にエネルギーを凝縮することができないのです。このエネルギーの凝縮は魔法には不可欠の要素です。でもこれらの石を活用する方法はあります。そういうわけでこれからご紹介するシンプルな魔法には、種類を気にせず手近な石を使ってください。

✤ 守護の魔法………5つの小石

小川に行きましょう。水に入って下流を向いて立ち、自分を守ってほしいという気持ちをイメージしながら川底の小石を5つ拾います。

石があなたを守るエネルギーを発している様子を心に描きます。硬い小石が長い年月をかけて丸く削られていったように、末永くあなたの盾となってくれるさまを思い浮かべてください。

拾った小石は、お守りとして常に持ち歩きます。小袋に入れたり布で包んだり、アクセサリーに加工してもよいでしょう。

✤ 守護の魔法………渡河

初めての川や危険な川を安全に渡りきるためのお守りが欲しいときには、川の前に立って河原から乾いた石を3個拾います。

これらの石を持ち、たとえ濡れても無事に向こう岸に立っている自分をイメージしながら川を渡ります。

何事もなく対岸に着いたら、石を河原に戻しましょう。

✤ 防御の魔法………夜間のお守り

夜間、人通りのない寂しい場所を歩かなくてはならないときは、小石を拾って防御しましょう。小石を陽の手に持ち、石になった自分──固い防御の姿勢を整えている──をイメージします。

イメージを終えたら、石を木の根元に投げつけます。もうあなたは守られています。

✤ 占い………井戸

静かな夜に、大きな丸い石を持って井戸に行きます。心を静め、答えを

求めている問いに意識を集中させます。

　石を井戸に落としてください。石が水面にぶつかる音をよく聞きましょう。その音のなかに答えが隠されています。答えが得られなかったらもう一度繰り返し、無心で音を受け止めます。きっと何かを暗示する言葉が心に浮かんでくるでしょう。

✤　占い………黒と白

　数分かけて、暗い色や明るい色の石を半々に拾い集めましょう。それらを地面に置いて、知りたいことを声に出して言うか、あるいは心の中で唱えます。目を閉じて石を混ぜ合わせます。左手あるいは陰の手を使って、その中からひとつを取り出しましょう。

　暗い色の石だったら答えはイエスあるいは吉、明るい色だったらノーあるいは凶です。

✤　金運と繁栄の魔法………新年の石

　初日の出のときに外に出て、持ち上げられそうな最も大きな石を探します。家に持ち帰って、目につく場所に置いてください。

　一年中そのままにしておけば、家が繁栄します。石は毎年新しいものに替えましょう。

✤　幸運の魔法………塀の上

　春分の朝、日が昇る前に起きて石を数個拾い、家を囲む塀の支柱の上に置きます。あなた自身や家族が健康で、家庭や人生が幸運で満たされている様子をイメージすると、本当にそれが実現します。

✤　愛の魔法………石の愛

　水で摩耗した石がたくさんある場所へ行きます。完璧なパートナーを得た自分をイメージしながら、大きくて平らな石を探します。

　この石の上に、赤いインクで一部を重ねたふたつのハートを描きます。この間も視覚化は続けてください。終わったら、石を人の手が入っていな

い場所の地中に埋めます。

✥ パワーの魔法………パワーのケルン
（※記念碑や墓標のように石を積み上げたもの）

　石の魔法を行う前に、その石の魔力をあげるために行う儀式です。いわば儀式のための儀式のようなものです。戸外で行う魔法に適しています。

　ほぼ同じ大きさの丸い小石を10〜20個選びます。儀式を行う場所に石をひとつ置いて、次の言葉を唱えます。同じ意味なら文言は違ってもかまいません。

「パワーを秘めた石！」

　石のパワーを確認するかのようにひとつひとつ唱えながら、すべての石を三角形に積みあげ、ケルンを作ります。最後の石を置きながら、次のように言います。同じ意味なら文言は自由です。

「パワーを結集したケルン！」

　さあ目的の魔法を行ってください。ケルンにはパワーを集積する力があり、魔法の効力をアップしてくれます。
　家を守護する目的でケルンを家の中に作ったり、大きいケルンを外に作るのもよいでしょう。

✥ モノや人を引きつける魔法

　石をひとつ手に持ちます。どんな石でもかまいません。陽の手で数分間握りながら、あなたが求める状況を心に描きます。
　そしてあなたの願望が成就するように熱い思いで石を包みパワーを注ぎ込んでください。あなたの内なるパワーが石に流れ込むさまを思い浮かべましょう。
　終わったら石を流水の中に投げ込みます。これで完了です。

❖　消去の魔法

　病気、不健康な習慣、傷心など人生から負の要素を取り除きたいときは、陽の手に石を持ち、抱える問題を詳細にイメージします。

　取り除きたいことを思い浮かべながら、そのネガティブなエネルギーが腕を通して石に移動していく様子を視覚化します。問題とその原因とが、あなたからすっかり石に移ったと感じたら、火の中に石を投げ込み、問題の原因とその結果である現象を燃やしてしまいます。危ないので火から離れて行いましょう。

　火がなかったり、火の勢いで石がはぜるのが怖かったりする場合は、空中か水中に投げつけます。問題を引き起こしているエネルギーを石に移し、遠くへ投げ去るのです。これで完了です。

パート2
魔法と伝承

魔法に使うパワーストーンの事典

　本書のメインとも言うべきパート 2 では、主要な113の石について解説をしています。石によって特性が異なりますので、解説の長さはまちまちです。
　形式は拙著『願いを叶える魔法のハーブ事典』（パンローリング刊）に合わせて、簡潔に分かりやすくまとめてあります。
　通常使われている名称を見出しにしています。最も一般的なものです。
　見出しのあとには「ほかの呼び名」も挙げてあります。基本的な「エネルギー」のタイプ（陽と陰）や、「支配惑星」と「支配元素」も示しました。惑星のもたらす魔法的作用についての詳細はパート 4 を参照してください。
　次にその石と関係の深い「神」「メタル」「ハーブ」について、さらに石の基本的な「パワー」や「魔法／儀式にまつわる伝承」「魔法の使い方」という情報で構成されています。
　すべての石について、これらの項目を網羅しているわけではありません。また主観による情報もあることをご理解いただきたいと思います。水晶の支配惑星がどれなのか、いまだに議論が続いています。またレピドライトやクンツァイトのように最近魔法に使われるようになった石もあり、これらの支配元素や支配惑星については、まだ決着していません。
　つまりここに示している関連づけは、私が得た情報からのひとつの参考にすぎないのです。また基本項目を示せない例外的な石もあります。たとえばこのあと登場するアゲートには多くの色があり、伝統的に色によって持つエネルギーが違うとされています。このような場合は、解説のなかで

個別に詳しい情報を提示しています。

パート2はこのまま読み通していただけば新たな知識を得ることができますし、あるいは新しい石を手に入れたときに参照するという形でもよいでしょう。

石のパワーがあなたの生活を豊かにしてくれることを、心から願っています。

アクアマリン　*Aquamarine*

エネルギー	陰
支配惑星	月
支配元素	水
パワー	サイキズム　平和　勇気　純化

魔法／儀式にまつわる伝承

アクアマリンは古代の海の女神を象徴する石です。古代エジプトのミイラを納めた墓室でこの石のビーズが見つかっています。

魔法の使い方

半貴石であるアクアマリンは緑柱石の一種です。淡いブルーグリーンの色をしているので、昔から海および水の元素と結びつけられてきました。海の魔女たちは満月の夜、海水でこの石を清めます。海から遠く離れた場所で浄化する場合は、青い器に水を入れて海の塩を加え、石をひと晩浸しておきます。

この美しい石にはサイキック能力を高めるパワーがあります。この石の結晶を手に持つか、カットした石を首にかけると、意識によって閉じ込められている潜在意識が目覚め、ふだんは感じとれないサイキックな波動を感知できるようになります。

ア

　アクアマリンは浄化と純化の石なので、魔法を行う前に身につけるか、あるいはこの石で体をさすると汚れをはらうことができます。大きな結晶を携えて浴槽に入り、浄化の沐浴を行ってもよいでしょう。

　体にやさしい浄化水を作れます。月の出ている夜、水の入ったコップにアクアマリンを入れ、月光の下に3時間以上置いておきます。アクアマリンを取り出し、月光を十分に浴びた浄化水を飲むと、潜在するサイキックパワーが覚醒するのを感じられるでしょう。

　アクアマリンはアメジスト同様、感情に関わる問題の鎮静化に使われます。平和と喜びと幸せの石で、特に人間関係の改善に効力を発揮します。大切な人と交換すると心がより通じ合うようになるので、結婚の際に花婿が花嫁に贈るものとしても最適です。

　船や飛行機で海を渡るときは、アミュレットとして使えます。リバークルーズであろうと太平洋を越える旅であろうと、スーツケースにアクアマリンを忍ばせておけば嵐が来ても安心です。古来、漁師や船員たちは危険を跳ねのける強力なアミュレットとして、この石を重用してきました。

　また歯の痛みを軽減し、腹部、喉、顎の病気にも昔からよく使われています。健康維持や、隠れた勇気を引き出して自分を守るために、お守りや装飾品として持ち歩くとよいでしょう。

アゲート（メノウ）　　　*Agate*

ほかの呼び名	レッドアゲート　ブラッドアゲート
エネルギー	色によって異なる（後述）
支配惑星	水星（一般的に）
支配元素	色によって異なる（後述）
神	アイスクラーピウス（ギリシア神話の医神）
パワー	強さ　勇気　長寿　園芸　愛　ヒーリング　守護

魔法の使い方

　一般的にアゲートは強さ、勇敢さ、長寿などに関わる儀式で使われます。

　庭仕事のときに身につけると植物の生長を促し、美しい花を咲かせ、豊かな実りをもたらします。後述するモスアゲートが最も適していると考えられており、エネルギーをチャージして庭に埋めたり、小さなものを木に吊るしたりして使います。

　古代ローマでは腕輪（左腕）や指輪にして身につけると、大地に実りをもたらすと植物の神々に喜ばれてきました。

　愛の魔法によく使われるアゲートは、嫉妬や悪意を防ぐ力も持っています。言い換えると人に好かれるお守りを身につけているともいえます。愛を得るならこの方法はとても効果的です。

　また真実のアミュレットとしても使われます。真実を言葉で心から表すことができて、有力者たちからの支援や支持を得ることができます。

　守護のアミュレットとして子供にアゲートの装身具をつけさせると、特に転倒を防ぐ効果があるといわれていますが、大人にとってもつまずき防止になります。

　アゲートを口に含むと渇きを和らげます。かつては額に置いて解熱用としても使われました。手に持つと、気持ちを落ち着かせ元気を回復させる力があるので、ちょっとした体の不調を治してくれます。

　中東では血液を正常な状態に保つタリスマンとして広く用いられていましたし、古代ブリテンでは皮膚病よけに、シリアでは三角形のアゲートを腸のトラブルを防ぐために用いていました。

　儀式魔法では、ヘビに乗る男や大蛇のモチーフを彫り、ヘビ、サソリ、虫よけのアミュレットとして装身具にしていました。

　かつては守護の魔法や儀式で使われることもあり、妖術、悪魔、悪霊などに対する究極の防御と考えられていました。

　アジアでは現在の水晶と同じように使われ、占い師は未来を知るために石の表面の模様を見つめ、潜在意識からサイキックな波動が送られてくるのを待ちました。

　アゲートには色や模様によって大まかに分けた種類が多くあり、さまざ

まな魔法に使われます。これまで挙げた用途で使うには、どのアゲートでもかまいませんが、それぞれの種類に固有のエネルギーがあるので、主な種類とその魔法的特性を記しておきましょう。

✤ **バンデッドアゲート【エネルギー：陽　支配元素：火】**
　守護のパワーを持ち、体のエネルギーを回復させストレスを和らげます。

✤ **ブラックアゲート【エネルギー：陽　支配元素：火】**
　守護のパワーを持ち、勇気が欲しいとき、競争に勝ちたいときに身につけます。

✤ **ブラック＆ホワイトアゲート【エネルギー：陰　支配元素：土】**
　アミュレットにすると身体的危険から守ってくれます。

✤ **ブルーレースアゲート【エネルギー：陰　支配元素：水】**
　平和と幸せをもたらします。手に持つとストレスが解消されるので、仕事机の上などに置いてストレスを感じたときにはじっと見つめます。家では火を灯した水色のキャンドルでこの石を囲むと、霊的環境が穏やかになり、家庭内のトラブルを軽減します。

✤ **ブラウン／トーニー（黄褐色）アゲート【エネルギー：陽　支配元素：火】**
　昔は戦の勝利を願って戦士たちが身につけました。現代では仕事や事業の成功を願って使います。イタリアやペルシアでは邪眼から身を守るものとして重用されていました。富をもたらすタリスマンでもあります。

✤ **グリーンアゲート【エネルギー：陰　支配元素：土】**
　目の状態を改善します。昔はグリーンアゲートの指輪を洗った水を飲んだ女性は、子を授かりやすいと考えられていました。

✤ **モスアゲート【エネルギー：陰　支配元素：土】**
　苔や木の葉に見える特徴的な模様から、モスアゲートは特に庭仕事をする人のタリスマンとされています。首のこわばりの軽減、疲れたときのエネルギー補充、ヒーリングのために身につけるほか、金運、幸福、長寿の魔法にも使われます。また身につけていると、新しい友人や大切な人との出会いがあるかもしれません。

✤ レッドアゲート【エネルギー：陽　支配元素：火】
ブラッドアゲートとも呼ばれています。古代ローマでは虫から身を守り、血液の病気を治し、静けさと平和をもたらすものとして重用されました。

アスベスト　*Asbestos*

エネルギー	陽
支配惑星	火星
支配元素	火
パワー	守護

魔法／儀式にまつわる伝承

アスベストは自らを消耗することなく燃えつづけるので、かつては魔力を秘めた石と考えられていました。古代ギリシアの神殿では、常に燃やしつづける聖なる火の芯として使われました。

魔法の使い方

意外に思われるかもしれませんが、アスベストというのはサーペンティン（蛇紋石）あるいはクロシドライト（青石綿）が繊維状に変形した無機繊維状鉱物の総称にすぎません。クロシドライトに石英が染み込み硬化した混合石を研磨したものは、タイガーズアイとして知られています。

かつて製造業や住宅建造に広く使用されていたアスベストは、現在多くの病気の原因とされています。けれどもこのような誤った使い方がされていなかったはるか昔には、負の魔法や邪眼から身を守るパワーを持っていると重用されていました。邪眼というのは、自覚の有無にかかわらず他人をサイキックパワーで攻撃する行為です。ただし今日ではもう、アスベストを魔法に使うことはお勧めできません。

アズライト（藍銅鉱〔らんどうこう〕） *Azurite*

ほかの呼び名	ラピスリングィス　ラピスリングア
エネルギー	陰
支配惑星	金星
支配元素	水
パワー	サイキズム　夢　予言　予知　ヒーリング

魔法の使い方

　深い青色の美しいアズライトは、昔からサイキックパワーを高める石として魔法に使われてきました。枕の下に入れて眠れば、予知夢を見られますし、未来を垣間見たいときには、この石を手に持つか身につけて瞑想します。

★ **簡単な予知の魔法**

　暗い部屋で2本の白いキャンドルの間にアズライトをひとつ置き、キャンドルに火を灯します。石を手に取って温まるまで待ち、心を空白にします。目を閉じて、アズライトの柔らかくゆったりとしたエネルギーが伝わってくるのを手で感じましょう。次に目を開けて、じっと石を見つめます。メッセージが心に浮かんでくるまで続けます。

　アズライトはヒーリングの魔法にもよく使われます。

穴あき石　*Holey Stones*

ほかの呼び名	ホールドストーン　ホーリーストーン　オーディンストーン
エネルギー	陰
支配元素	水
神	オーディン（北欧神話の主神）　地母神
パワー	守護　悪夢よけ　健康　サイキズム　視力強化

魔法／儀式にまつわる伝承

　北欧神話に、オーディンがヘビに変身して岩にあいた穴を通り抜け、「飲めば詩人になれる蜜酒」を盗むという話があります。おそらくこの神話から、穴あき石は「オーディンストーン」と呼ばれるようになったのでしょう。

魔法の使い方

　ある風の強い日、私は町から遠く離れ、太平洋に突き出した場所へと出かけました。車を降りて、波があたっては砕け散るごつごつした岩をゆっくり越えていくと、誰もいない砂浜に出ました。私は息を切らしながら視線を下に向けると、真っ白な砂の上にたくさんの穴あき石が転がっていたのです。ひとつ拾い上げ、海の女神からの贈り物に感謝を捧げました。そして万物の母である女神を象徴するものとして祭壇に置くために、家へ持ち帰りました。

　風や波による浸食、風化、海の生物など自然の力によって穴のあいた石は、はるか昔から守護のパワーを持つものとして珍重されてきました。

　使い方にはいろいろあります。かつては悪夢よけとしてベッドの支柱に吊り下げました。最近イングランドでは、一度は消滅したこの風習が復活し、穴あき石に赤いリボンを通してベッドの上に吊り下げるようになりました。古い魔法が息を吹き返したのです。おそらく今でも行われているのではないでしょうか。

ア

　護符としての穴あき石は、ネックレスにしたり家の中に置いたり玄関の扉に吊り下げたりと、いろいろな方法で使われました。ペットの近くに吊るしておくと、悪夢を追い払い安眠を運んでくれます。

✪ 病気を吸い取らせる魔法

　弱った体の回復を促進するので、穴あき石に病気を吸い取らせる魔法をお教えしましょう。浴槽の湯に塩を加えて石を入れ、その中に数分浸かります。これを1日に1回、1週間続けます。使った石を浄化して、まだ必要と思われるならさらに繰り返します。

　イングランドでは、賢女が病気の子供たちの治療に穴あき石を使っていました。病気の子供の体を石でこするという単純なもので、石に病を吸い取らせていたのです。この興味深い儀式は、成人の健康を保つためにも行われていました。

　穴あき石には潜在意識の活性化を促すパワーもあります。できれば月が出ているときに人里離れた静かな場所へ行って、穴あき石を片方の目の前に掲げます。もう一方の目をつぶって、穴をのぞいてみましょう。映像(ビジョン)や霊、そのほか非現実的存在が見えるかもしれません。

　もうひとつ、穴あき石の穴をのぞくと視力がよくなるといわれています。これは日中家で行うとよいでしょう。

アパッチティアーズ　　Apache Tear

エネルギー	陽
支配惑星	土星
支配元素	火
パワー	守護　幸運

魔法の使い方

アパッチティアーズは小さな球状で半透明の黒曜石です。幸運のお守りとされていますが、黒曜石と同様に、守護の目的にも使われています。

アベンチュリン　*Aventurine*

エネルギー	陽
支配惑星	水星
支配元素	風
パワー	精神力　視力　賭け事　金運　平和　ヒーリング　幸運

魔法の使い方

グリーンアベンチュリンは視力を強化します。知覚を向上させ創造力を刺激し知性を高めるために、身につけたり魔法に使ったりします。

運が結果を左右するゲーム、すなわちギャンブルに関係した魔法にも用いられ、ギャンブラーに人気のタリスマンです。金運を高めるパワーもあります。この石の色である緑は乱れた感情を静め、癒しを促進します。

アベンチュリンは万能の幸運のお守りなのです。

アマゾナイト　*Amazonite*

ほかの呼び名	アマゾンストーン
エネルギー	陰
支配惑星	天王星
支配元素	土
パワー	賭け事　成功

ア

魔法の使い方

　青みがかった緑色の長石で、ギャンブルをする人が大金を手に入れたいと願って身につけます。またリスクを冒してでも成功をつかみたいという人にも使われます。

アメジスト　　　　　　　　　　　　　　　Amethyst

エネルギー	陰
支配惑星	木星　海王星
支配元素	水
神	バッカス（ローマ神話の酒の神） ディオニソス（ギリシア神話の酒の神） ダイアナ（ローマ神話の月の女神）
パワー	夢　アルコール依存症の克服　ヒーリング　平和　愛　サイキズム　泥棒よけ　勇気　幸せ

魔法の使い方

　アメジストはいにしえの魔法が染み込んだ石です。2000年も昔から重用され、その人気は今なお変わっていません。

　枕の下に入れるか体につけてベッドに入ると不眠や悪夢を寄せつけず、平和な眠りと心地よく癒しに満ちた夢をもたらします。夢に予知的要素が現れることもあります。また逆の働きのようですが、眠りすぎを防いでくれます。

　スピリチュアルパワーの強い石で、負の副作用がまったくありませんし、暴力、怒り、激情などとは縁がありません。アメジストは平和の石なのです。日々のストレスがたまってきたら、左手（左利きの人は右手）でこの石を持って目を閉じます。ストレスを癒す穏やかで平和に満ちた波動が流れ込んでくるのを静かに待ちましょう。直接肌に触れるように身につけておけば、前もって緊張やストレスを防いでくれます。

アメジストは恐れや不安を静め、希望をもたらし、元気を与え、私たちの人生には霊的な側面があるということを気づかせてくれます。また身につけると罪悪感や自己欺瞞を一掃し、アルコール依存症などの克服を助け、過剰な熱意を冷まし、適切な判断力をもたらします。また起こりうる危険に対しても、必ずあなたの役に立つことでしょう。

また旅人たちは病気にならず、泥棒や危険から身を守ってくれる強力なアミュレットとして必ず携帯していました。

ルネッサンス時代にはクマの像を彫って守護のアミュレットに、ギリシア・ローマ時代にはブロンズ台にアメジストをはめ込んだ指輪を魔よけとして使っていました。さらにアメジストのカップで何かを飲むと、悲しみや邪心が消えるともいわれていたようです。

このようにアメジストはスピリチュアルパワーが強いので、瞑想を行う際に身につけたり、瞑想用の祭壇の上に置いたりします。心を静める波動を持つサンダルウッドなどのインセンスを焚きながら、瞑想を行いましょう。

✪ 入浴時の瞑想

入浴しながらの瞑想は、力強いアチューンメント（宇宙や自然のパワーと同調すること）をもたらしてくれます。火を灯した薄紫色のキャンドルを持って浴室に入り、第六感を鋭敏に働かせるためにアメジストを丸く輪にして並べ、中心にキャンドルを置きます。瞑想の時間をより深いものにしてくれるでしょう。

タロットカード、易占いの筮竹（ぜいちく）や硬貨、ルーンストーンなどのエネルギーを高めるために、アメジストを一緒に保管する人たちもいます。占いやサイキックな活動を行うときにも、もちろんこの石を身につけます。知恵の石でもあるので、潜在意識を通して受け取った情報を適切に活用できるようになります。

潜在意識だけでなく意識にも作用し、記憶力の強化、頭痛の軽減、人生への前向きな姿勢を維持するなどメンタル面で高い効力を発揮します。

ア

　純粋で真実の愛を表す石なので、恋人たちのプレゼントによく使われます。愛が深まるようにハート形のアメジストをシルバーの台座につけて、女性が男性に贈ります。男性が身につけると、「意中の女性」の愛を引き寄せられるといわれています。男性が女性に振り向いてほしいときに有効な数少ない石のひとつです。

　純潔を象徴する石といわれたりもしますが、これは理想の愛はプラトニックだと考えられていた時代の名残です。現代ではセックスは健全な男女関係におけるごく自然な現象であると考える人が増え、プラトニックな愛が理想という考え方は消えつつあります。

　法曹関係の人々は、正義の実現を確保するためにアメジストを使います。また昔からビジネスを成功に導くとされ、繁栄の魔法にも使います。これは支配惑星が木星であることに由来しているのでしょう。

　何百年も昔、吹き出物や肌荒れを治すために、唾をつけたアメジストで顔をこすりました。今は美を求める魔法でこの石を使います。

✪　負の感情を取り除く魔法

　恋人にふられて気持ちが動揺したり、友人とうまくいかなかったりして、心が不安定な状態にあるときは、外に出てひとりになれる場所へ行きましょう。左手（左利きの場合は右手）にアメジストを持ち、胸の内にある負の感情を石に注ぎ込みます。体の内部から腕へ、腕から手のひらへと伝って、石へと流れ込んでいくさまを思い浮かべます。

　心の痛みや落ち込んでいる気持ちをすべて込めて、全身全霊で負のエネルギーを押し出しましょう。そうして石が負の感情ではちきれそうになったら、思いっきり叫びながら力いっぱい遠くへ投げつけましょう。投げた瞬間、心の痛みも石とともに手放します。負の感情はもうあなたではなく石の中にあり、あなたの元から去っていったことを強く意識してください。

　心を静め深呼吸をして、しばらく瞑想します。大地に感謝を捧げ、あなたを苦しめていた問題をすべてその場に置いて立ち去ります。

　大地があなたの痛みを吸い取って、石を負の状態から解放します。でも決してこの石を拾いに戻ってはいけません。

アルム　*Alum*

エネルギー	陰
支配惑星	土星
支配元素	土
パワー	守護

魔法の使い方

　エジプトやアフリカの北海岸では、邪悪なものから身を守るアミュレットとして重用されてきました。家内安全のために家の中に置いたり、子供のお守りとして帽子に縫い込んだりすることもあります。

アレキサンドライト　*Alexandrite*

パワー	幸運　愛

魔法の使い方

　高価で非常に珍しい宝石です。身につけると幸運を引き寄せます。愛の魔法にもよく使われます。

アンバー（琥珀） *Amber*

エネルギー	陽
支配惑星	太陽
支配元素	火　アーカーシャ
神	地母神
パワー	幸運　ヒーリング　強さ　守護　美　愛

魔法／儀式にまつわる伝承

　アンバーは、装身具の材料としては最古のものかもしれません。紀元前8000年ごろの北ヨーロッパの墓地で、ビーズやペンダントが見つかっています。

　アンバーは石ではなく、漸新世（注：地質時代の年代区分のひとつで、およそ3800万年前から2400万年前の時代）の木々（松のように球果を結ぶ木）の樹脂が化石となったものです。しばしば内部に昆虫や植物が一部あるいは丸ごと含まれていますが、これはベタベタした樹脂の上に落ちてしまったためです。

　宝石と違って触れると温かみがあることや、生物の一部を内包している場合が多いことから、アンバーには生命が宿っていると考えられていました。古代中国の人々はトラの死後、その魂がアンバーになったと想像しました。古代ギリシア・ローマ時代の地母神の崇拝者たちにとっては、聖なるものでした。生命のエッセンス——躍動する生命の本質を内に宿しているもの——だと信じていたからです。

　アンバーは化石なので、時間、循環、長寿と結びつけられています。また同様にかつては生あるものだったことから、アーカーシャとも関連づけられています。アーカーシャは土、風、火、水を束ねてつないでいる、いわば4元素の源泉ともいえる「第5の元素」です。アーカーシャは生命そのもの、そして生きとし生けるものすべて（植物、動物、人間）を象徴しているのです。

現代のウイッカのカブン（実践グループ）では、多くの場合高位の女司祭がアンバーとジェットを交互につないだネックレスをつけています。つける理由はそのときどきで異なりますが、この２種の石は女神と神、女性性と男性性、自然の持つ陰と陽の力を象徴するとされ、魔法の効力を高める作用があるのです。

　アンバーをウールやシルクでこすると帯電します。古代ギリシアではエレクトロンと呼ばれていましたが、この単語からエレクトリシティ（電気）という言葉が生まれました。

　アンバーはそのミステリアスな固有の特性から、魔力を秘めた素材として昔も今も、世界中で最も広く使われ尊ばれています。

魔法の使い方

　アンバーは魔法的な意味においてほぼ万能の石なので、これまで数え切れないほど多くの魔法や儀式に使われてきました。

　高価ですが、それに見合うだけの魔法的価値があります。ただし信頼できる業者から買ってください。アンバーとして売られている品の多くはガラスやプラスチック、あるいは再生されたものです。それなりの対価を払う心づもりで、加工していない天然のアンバーが欲しいと主張しましょう。

　ネックレスとして身につけるのが、おそらく最も一般的です。つけている人を守護する力があります。邪悪な魔法に対する強力なアミュレットであり、とりわけ子供の安全や健康のお守りとして力を発揮するので、ぜひ子供たちの首にアンバーのネックレスをかけてあげましょう。この風習はさまざまな地域で確認できます。小片を子供の寝室に置いておくのも有効です。

　セックスが完全に自然で聖なる行為でもあるとみなされていた古代には、人々は生殖器の形に彫ったアンバーを持ち歩きました。男性器を模したものは特に強力な護符とされていましたが、これは男性優位の社会構造のためではなく、女性器を模したものもきっとひそかには使われていたのでしょう。

ア

✪ エネルギーを回復させる魔法

　強い負のパワーにさらされていると感じたときは、白いキャンドルに火を灯して地面あるいは床の上に置いてください。小さいアンバーのビーズをひと握り持ってその前に座り、自分を囲むように並べます。ビーズの輪で外部からの影響をすべて遮断して、自身の内にあるエネルギーを回復させます。これを納得できるまで繰り返しましょう。

✪ 守護の魔法

　守護のパワーを利用する別の方法もあります。小さなビーズか小片を9つ、熱めの湯を張った浴槽に入れてそのままにしておきます。湯が冷めたらアンバーを取り出し、タオルで拭いて、そのうちのビーズをひとつ持ち歩きます。

　魔女や賢女、シャーマンたちは、魔法の効力を高めるためにアンバービーズを身につけます。魔法を行う場所が洞窟でも、うら寂しい谷間でも、誰もいない海辺でも、現代的な寝室に自らの魔力で作った結界の中でも、その効果は変わりません。また祭壇の上に大きな塊を置くと、魔法の効力が高まります。

　アンバーは美しいだけではなく、さまざまな魅力的なものを、さらに高める力があります。ルネッサンス時代には体重を増やすと考えられていましたが、これはおそらく豊満な女性が美しいとされていたからでしょう。実際にそのような効果があるという証拠はありません。アンバーは自然な美しさを何倍にも引き立て、寂しい人たちには友人や仲間を引き寄せ、幸せを呼び込む働きがあるのです。

　昔からアンバーは官能に訴えかけ、人を引きつけるパワーがあるとされてきました。そのため官能的喜びや満足を得るために身につけます。好きな人に振り向いてほしいときは、アンバーの小さな粒と愛を引き寄せるハーブミックスを混ぜて袋に入れ、心臓近くにつけると効果があります。

　子供を持てるかどうかは常に人々の関心事であり、これは昔も今も変わっていません。かつてはこの受胎能力を高めるために、女性たちは魚や

カエル、ウサギをかたどったアンバーを身につけました。一方、男性たちも男としての能力を発揮できるように、ライオンや犬やドラゴンをかたどったものを身につけました。奇異に思えるかもしれませんが、これらの像にエネルギーをチャージして持ち歩くと効果があると信じられていたのです。自分が信じるかぎり魔法に限界はないということです。

　私たちは病気を撃退しようと日々闘っているわけですが、その試行錯誤のなかでアンバーは大きな役割を果たしています。ビーズのネックレスは全般的な健康状態を守り、すでに罹患している場合には症状を和らげたり治したりします。具体的にはひきつけ、聴覚障害、精神疾患、喉の痛み、耳痛、頭痛、歯痛、喘息、リウマチ、消化不良など、ほぼすべての内科的疾患の予防あるいは症状緩和に役立てられてきました。それは今なお続いています。たとえばアンバーの玉を手に持つと、解熱の効果があります。

　基本的に半透明あるいは透明なので、持ち歩くと視力が強化されます。透かして見るだけでも同様の効果があります。

　粉状のものを燃やせば出産がスムーズに進み、くすぶらせて出た松の匂いのする煙を吸えば鼻出血を止めることができます。

　このほかにもいろいろな魔法に使えます。精神的身体的な強さや仕事での成功、金運、愛情を引き寄せるために身につけたり、儀式に使ったりします。またインセンスを焚くときにアンバーの粉を少し加えると、その魔法儀式の効力が高まります。

ウレキサイト　*Ulexite*

エネルギー	陰
パワー	創造性　調和　バランス　勇気

魔法の使い方

　ウレキサイトは「テレビ石」として知られ、文字の上に石を置くと、石

の表面にその文字が現れるといわれています。

エメラルド　*Emerald*

エネルギー	陰
支配惑星	金星
支配元素	土
神	イシス　ビーナス　ヴィシュヌ（ヒンズー教の神） ケレス（ローマ神話の豊穣の女神）
関係の深いメタル	コッパー　シルバー
パワー	愛　金運　精神力　サイキズム　守護　魔よけ　視力強化

魔法／儀式にまつわる伝承

　エメラルドはその鮮やかな緑の色合いから、地球の象徴とされています。エメラルドは最も高価な石のひとつなので、魔法にはパート4で挙げている代替石を使ってもかまいません。

　ただ第6章で述べたように、質は落ちますが安いエメラルドもあるので、いろいろと探してみてください。あなたの目的と予算にかなうエメラルドが見つかるかもしれません。

魔法の使い方

　もし愛を得たいと願うなら、エメラルドを買って願いが実現した様子をイメージしながらエネルギーをチャージしましょう。緑のキャンドルの近くに置いて行うと効果的です。チャージを終えたら、心臓近くにつけるか、またはポケットやバッグに入れて持ち歩きます。身につける場合は、石が外から見えないようにしましょう。そうすれば恋人となる人に出会ったとき、宝石に引かれて近づいてきたのではないかと疑わずにすみますから。

　エメラルドはビジネスに関する魔法に使われることも多く、売り上げを

伸ばし、会社の認知度を上げます。

　この石を持っていると記憶力が向上するとともに理解力が増し、人前で雄弁に語れるようになります。

　また意識だけでなく潜在意識にも影響を与え、霊的能力を覚醒させます。このようなふたつの意識レベルに作用する効果を持っていることから、エメラルドは現在、過去、未来のあらゆる知識を授けるといわれています。

　世界各地で、エメラルドは守護の魔法に使われていました。旅の安全のために左腕に紐でくくりつけて持ち歩き、また悪霊に取りつかれていると思われる人にはお守りとして与えました（こうした人々の多くは病気が原因でした）。

　緑は安らぎをもたらす色なので、人々はこの石を見つめて、目のかすみ、疲れ目、弱視を治し、視神経をリラックスさせて正常な視力を回復させました。

　古代インドでは、きわめて興味深い用途に使われていたようです。睡眠中の夢精を防ぐにはこの石を身につけるようにという記述が、ヒンズー教の古い文書にあるのです。

　この石のパワーを最大限に引き出すには、シルバーかコッパー（銅）の台座にはめ込むのがよいと、古代の魔術師たちが記しています。

オニキス　　*Onyx*

エネルギー	陽
支配惑星	火星　土星
支配元素	火
神	マルス
関係の深いパワーストーン	ダイヤモンド
パワー	守護　防御の魔法　性欲の抑制

魔法／儀式にまつわる伝承

　昔、オニキスという石の中には悪魔が閉じ込められていると信じられていました。人々は、夜になるとこの悪魔が起き出して、手当たり次第に恐怖や悪夢をばらまくと恐れていたのです。

　またこの悪魔は恋人たちに不和をもたらすともいわれていました（使用方法に注意が必要なのです）。

魔法の使い方

　オニキスはあらゆる戦いや争いにおいて、敵に立ち向かうときのお守りとなる石です。また暗い夜道を通るときに身につけると防御の波動で守ってくれるので安心です（実用的な魔法は便利です）。

　古典的かつ儀式的な魔法では、オニキスに軍神マルスの頭部や英雄ヘラクレスの姿を彫ると勇気が出るといわれ、人々はお守りとして持ち歩いていました。

　オニキスは魔よけになるほか、意図的に向けられた悪意からあなたを守ってくれる働きもあります。このような攻撃や呪いのようなものは実はまれで、被害者となる人の心の問題であることが多いのですが、防御の儀式を行うことで気持ちが浄化され安定をもたらします。

✪ 防御の魔法

　祭壇に四角い鏡を置いて、鏡の前に紫のキャンドルを置きます。オニキスを9個用意し、反射あるいは防御のパワーを注入します。キャンドルの右側から約8センチのところにオニキスをひとつ置き、残り8つもキャンドルに沿って手前側に半円を描くように並べていきます。鏡の前には石を置かないようにしてください。

　キャンドルに火を灯します。オニキスが負のエネルギーを集め、キャンドルの炎に送る様子を思い描いてください。炎がレンズのような働きで悪意を吸収し凝縮して鏡に送り込みます。

　この鏡はスピリチュアル世界への入口です。悪意のエネルギーは鏡を通して、それを送った本人の元へ帰っていきます。

これで防御は完了です。

オニキスは性的衝動を抑えるためにも使われてきました。性行為は生命体として自然のことなので、抑制しすぎると弊害が出てきます。欲求が抑えつけられると、精神的肉体的な病気、反社会的行動、妄信、さらには殺人願望の傾向まで現れることがあります。

自然な性欲があることで人は快楽を得て、他者や神と交わり、人類を存続させることができるのです。これを過剰に抑えつけると憎悪や孤独が生まれ、生命に対する尊厳の気持ちが失われてしまうこともあります。

でも危険を伴う性行為においては、制御不能な欲求を静めるためにオニキスを使ったほうがよいかもしれません。セックスは毎回新しい相手（一夜限りの関係という意味）を求めていると依存性になりやすく、結果として性以外のことに興味を失い、性機能障害や病気になってしまう懸念があります。

✪ 欲求を抑える魔法

制御不能の欲求を抑えるためには、服を着た状態で横になり、足の付け根から5センチほど上のところでオニキスを持ちます。そのまま静かに横たわっていると、崇高で穏やかな波動に包み込まれ、性への欲求が少しずつ落ち着いていくのが感じられるでしょう。回数ではなく質が大切であることを胸に刻んでください。1日に数分行いますが、1週間以上は続けないでください。効果が感じられず再度行う場合は、1週間あけるようにしましょう。

またパートナーとしばらく会えないときや病気のときなどにも、オニキスで性的欲求を抑えることができます。

自慰（マスターベーション）は自然な行為ですが、多くの人は他者との交流においてこそ性の欲求が満たされると感じています。社会的にも、マスターベーションは不自然で病気を引き起こす忌むべき行為であるという誤った考え方がいまだにあります。

もしあなたがパートナーと出会えず性的不満状態にあるなら、自慰に目覚めるか、そうでなければ前述したようにオニキスを利用して性的欲求を抑えましょう。

パートナーと出会ったら、あるいは性的興奮を得たいと思ったら、ダイヤモンドかカーネリアンで性欲を刺激してください。

これらのテクニックには注意が必要で、軽はずみな気持ちで行ってはいけません。1、2カ月以上にわたり性欲を抑えることのないようにして、禁欲後は必ず性中枢を解放します。

使い方に注意は必要ですが、だからといってオニキスを敬遠する必要はありません。たとえばお守りの目的で使用するときには、違う方向から性中枢に働きかけます。性行為は種の保存に欠かせないものです。そうです！オニキスは生命を「守る」のです。オニキスに生命のエネルギーを注入し、防御の魔法に使えば、あなたを守ってくれるのです。

儀式などを行わずに簡単に安全に性衝動をコントロールしたいなら、オニキスとダイヤモンドを組み合わせた指輪などが最適です。ダイヤモンドは小さくても問題ありません。性を抑制するオニキスに囲まれたダイヤモンド（性を刺激する石）は、性という本能をコントロールする象徴なのです。しかし高価なものなので、誰でもが手に入れられるわけではありません。

オパール　　　　　　　　　　　　　　　　*Opal*

エネルギー	陰　陽
支配惑星	すべて
支配元素	すべて
神	キューピッド
関係の深いハーブ	月桂樹
パワー	幽体離脱　サイキズム　美容　金運　幸運　パワー

魔法／儀式にまつわる伝承

多くの人がオパールを悲劇、悲しみ、不運の石と考えています。でもこれは近年になってからのことで、正確ではありません。サー・ウォルター・スコットの小説『Anne of Geierstein』（未訳）でオパールと不幸が結びつけられたことで、このような根拠のない知識が広まったのです。

魔法の使い方

オパールはありとあらゆる石の色と性質を持っています。つまり事実上、全種類のエネルギーをプログラムされているということになり、さまざまな目的の魔法に使用されます。

オパールを使えば、かつては姿を消すことができるといわれていました。新しい月桂樹の葉にオパールを包み、持ち歩くのです。

通常、姿を消す効果に関係する石とハーブは幽体離脱の際に用いられており、オパールはこの目的に最適でした。生身の体から魂を意識的に切り離す方法はさまざまですが、それを記すと長くなるので、デニングおよびフィリップスの『Practical Guide to Astral Projection』（未訳）などの本を参考にしてください。

幽体離脱を行うときにオパールを身につけると、離脱を容易にするだけでなくお守りにもなります。

✪ 前世の記憶を呼び戻す魔法

またオパールは前世の記憶を呼び戻す儀式にも用いられます。オパールを両手に持ち意識を集中してじっと見つめてください。自身の内に潜む霊性を感じとるまで、オパールの表面に見える色から色へと意識を移していきます。接点を感じたら、目をつぶり意識を遠く過去へとさかのぼらせていきます。

霊性を高める目的でオパールを愛用している人も多く、アクセサリーとして身につけるならイヤリングがお勧めです。

オパールは内なる美を引き出す力もあります。

✪ 美しくなる魔法

　膝をついたときに顔が映るように、祭壇の上または後ろ側に丸い鏡を置きます。鏡の左右どちらかに緑のキャンドルを2本置いて、キャンドルに火を灯しましょう。美への思いをチャージしたオパールを持ち、自分がなりたい姿を、視覚化という手段を使って鏡に映し出します。その理想の姿をじっと見つめましょう。その後もオパールは持ち歩き、意識して外見を美しく見せる努力をします。オパールのパワーと自身のパワーが同調して、美しさは実現するのです。

　ファイアーオパールはお金を引き寄せる目的によく用いられます。ポケットやバッグに入れて持ち歩くのもよいですし、視覚化の際に燃やす緑のキャンドルの横に置いてもよいでしょう。会社を経営しているのであれば、ファイアーオパールが顧客を引き寄せる磁石になるようにパワーを注ぎ込んだあと、オフィス内に飾っておきましょう。

　ブラックオパールは、魔術師やウイッカンがパワーストーンとして特に重用する石です。儀式用の装身具として身につけることが多く、魔法を行う際に放出するパワー効果を強めてくれます。

　オパールはさまざまな効果を持った石ですが、最後に強調しておきたいのは、そのきらめく色と美しく独創的な外見ゆえに幸運をもたらす石であるということです。

オブシディアン　*Obsidian*

エネルギー	陽
支配惑星	土星
支配元素	火
神	テスカトリポカ（アズテック語で「煙を吐く鏡」「輝く鏡」の意）
パワー	守護　グラウンディング　予知　平和

魔法／儀式にまつわる伝承

　オブシディアンは、急速に冷却されたために内部の鉱物質が結晶化されなかったラバ（溶岩：後述）で、天然のガラスです。

　古代アズテック人は、この黒いガラスの平らな面を使って四角い鏡を作り、占いに使用していました。伝説によれば、イギリスのエリザベス１世お抱えの魔法錬金術師ドクター・ディーは、スクライングでこのような鏡を使っていたといわれています。

　オブシディアンはナイフ形石器、石槍、矢尻を作るときによく使われ、使用された石は「フリント」（後述）として知られています。このような矢尻には魔力があるといわれています。

魔法の使い方

　オブシディアンはグラウンディングとセンタリング効果がある石です。気持ちが落ち着かないとき、生活が乱れているときには、石を両手で持つか、磨いたオブシディアンを２個用意して、その上に足をのせてください。忘れてはいけないのは、肉体は精神への入口だということです。肉体と精神はそれぞれがもう一方の鏡なのです。

　オブシディアンは持ち歩いたり、守護の儀式に用いたりすることで効力を発揮します。白いキャンドルのまわりにオブシディアンの矢尻を４つ、それぞれが違う方向を向くように並べます。こうすることで非常に強いエネルギーを生み出し、キャンドルを置いた場所を守ることができるのです。

　オブシディアンの丸玉は今でもメキシコで作られていますが、これはスクライングにも適しています。水晶玉でうまくいかない場合は、オブシディアンの玉を試してみるとよいでしょう。黒い石のほうが潜在意識に働きかけやすいという場合もあるのです。

オリビン　*Olivine*

ほかの呼び名	クリソライト　クリーソリサス ルマハイ（ハワイ語）
エネルギー	陰
支配惑星	金星
支配元素	土
関係の深いメタル	ゴールド　ロードストーン
パワー	金運　守護　恋愛　幸運

魔法／儀式にまつわる伝承

　猛烈な嵐が丸くて小さなカウアイ島を直撃しました。荒れ狂う風のなかに飛び込んだ私は、アイアンウッドの林を抜け、ルマハイビーチ（映画『南太平洋』の一部が撮影された場所）にたどり着きました。ハワイ語でルマハイは「オリビン」を意味します。数メートル先で大波が砕け散っている砂浜に膝をつくと、海水の下で無数の小さな緑の結晶がコーラルやラバ、貝殻と一緒に舞っているのが見えました。それから１年後、私はハワイ島にあるカ・ラエ岬で、赤い砂の中から大きなオリビンの結晶を集めていました。近くにはオリビンだけでできた砂浜もあります。

　鉱物の専門家数名と話し合いましたが、答えはそれぞれ違っていました。何について話し合ったのか？　そう、オリビンとペリドットについてです。このふたつの石は何もかも同じだと言う人もいれば、オリビンのほうはオリーブ色に近く、ペリドットは緑に近いと言う人もいます。

　このふたつの石の出自はさておき、色はほとんど同じに見えます。ただし人によってはオリビンのほうが、少し緑が濃いと感じるようです。

　この問題については私自身が満足のいく答えを得ていないため、本書ではそれぞれ別個の石として紹介しています。

　オリビンは緑で透明性のある石です。火山で産出され、世界各地で見ることができます。パート３でお話ししますが、近年、隕石からもオリビン

が見つかりました。

魔法の使い方

　オリビンは富を引き寄せる石です。緑のキャンドルをオリビンで囲んで飾っておいたり、オリビンを身につけるとお金が舞い込んでくるでしょう。

　オリビンの砂はハワイのギフトショップで購入することができます。手に入れた場合は、お金のサシェ（金運のお守りになるハーブの小袋）にひとつまみ入れてもいいですし、ポケットに入れて視覚化を行うのもよいでしょう。あなたが実業家なら、デスクやキャッシュレジスターの中に少し入れておくのもお勧めです。または名刺を緑のプレートの上に置き、名刺が見えなくなるまでオリビンの砂をかけるという方法もあります。このような儀式はオリビンの石でも行うことができます。

　オリビンは火山から生まれる石なので、守護の目的でも使われてきました。負のエネルギーを持ち主のところへ送り返すので、アミュレットによく用いられます。ゴールドの台座に小さいオリビンがついた指輪は、守護のお守りに最適です。

　ゴールドとオリビンを組み合わせたアクセサリーを身につけると、人生の先行きを明るくしてくれるだけでなく、泥棒から家を守ってくれる効果もあります。

　またオリビンは愛を引き寄せる石でもあるので、愛に関する魔法でよく使われます。そして最後に、ほかの緑の石と同様、幸運を引き寄せる魔法にも使われます。

ガーネット　*Garnet*

エネルギー	陽
支配惑星	火星
支配元素	火
パワー	ヒーリング　守護　強さ

魔法／儀式にまつわる伝承

　13世紀のころ、ガーネットは昆虫を撃退するために身につけられていました。

魔法の使い方

　火のような赤い色のガーネットは、肉体の強さ、持久力、活力を増強します。また魔法の儀式にさらなるエネルギーを加えます。力を振り絞らなければならない局面（山歩き、徹夜勉強、大きなパワーを必要とする儀式など）で大きな効力を発揮します。

　ガーネットは陽の石なので、守護の力を持っています。500年前には、悪魔や亡霊を撃退すると考えられていました。現在もほかの守護石と同様、オーラを強化し、ポジティブな波動に満ちた防壁を作って負のエネルギーを撃退してくれます。たとえばあなたを守る様子をイメージしながら、石にエネルギーをチャージしておきます。そのガーネットを身につけていれば、もしかしたら強盗があなたの発する「誰も近寄らせない強力波動」に恐れをなして、襲うのをやめるかもしれません。ガーネットはとりわけ泥棒たちを撃退する力が強いのです。

　中世にはライオンの像を彫ったガーネットを健康のお守りとして、特に旅行のときなどに携帯しました。

　ヒーリングの石としては肌の状態を改善するパワーがあり、特に腫れによく効きます。また心臓や血液の流れの乱れを正しく整えます。

　昔は友人同士が別れるときに友情の証として、そして必ず再会できるこ

とを願って、ガーネットを交換したそうです。

カーネリアン　　*Carnelian*

エネルギー	陽
支配惑星	太陽
支配元素	火
パワー	守護　平和　雄弁　ヒーリング　性的エネルギー　勇気

魔法の使い方

　赤いカルセドニーであるカーネリアンは、古代エジプトでは怒り、嫉妬、羨望、憎しみを静めるために指輪として身につけました。今でも平和や調和を呼び込み、沈んだ気分を振り払うために使います。

　引っ込み思案で臆病な人がこの石を持つと、勇気が湧いてきます。人前で話をするのは緊張する人が多いと思いますが、そんなときにすばらしい効果を発揮します。ネックレスや指輪として身につければ、自信を持って力強い声で雄弁に語れるようになるでしょう。

　疑念や否定的な考えを振り払う効果があることで、複雑な問題に対処するための魔法に用います。また忍耐力を与える石でもあります。

　カーネリアンを持ち歩くと、あなたの心を読んで何か仕掛けようとする人間から守ってくれます。ルネッサンス時代には、この石に剣や戦士を彫ってアミュレットとして重用しました。家に置くと雷や嵐よけになり、持ち歩くと誘惑に負けません。

　かつては皮膚病、精神疾患、鼻出血、血液に関わる病気を防ぐために持ち歩き、一般的な健康のお守りとしても広く使われました。

　カーネリアンは霊視能力を高め、身につけて眠ると悪夢を防ぎます。性衝動を刺激する効果もあります。

カイヤナイト		*Kyanite*
エネルギー	陰	
パワー	忍耐　恋愛　瞑想	

魔法の使い方

　カイヤナイトは恋愛のあらゆる局面を受け入れるために用いられます。また身につけると瞑想に最適な精神状態へと導いてくれます。

化石		*Fossils*
ほかの呼び名	スポンジ（海綿）　ウィッチストーン　アンモナイト　スネークストーン　ドラコナイト	
エネルギー	陰	
支配元素	アーカーシャ	
パワー	元素のパワー　前世退行　守護　長寿	

魔法／儀式にまつわる伝承

　化石ははるか昔に死んだ動植物が、長い年月を経て石に変わったものです。その痕跡が写真のネガのように石の表面に残っているものもあります。かつては生きていたので、第5の元素アーカーシャと結びついているといわれています。

　潜在意識など神秘的な側面から言えば、化石は時間、永遠、進化を意味します。自然界には、たとえ先史時代の海の生物にしても消えゆくだけの無駄な存在はないということを、化石は体現しています。生命が失われたとしても、それはエネルギーのひとつの形態が失われただけで、エネルギーそのものが破壊されたわけではありません。すべてのものは形を変えて継

続していくのです。

　化石は太古の昔から多くの儀式に使われてきました。ヨーロッパの新石器時代の墓地からも出土しています。なぜそんなところに置いたのでしょうか？　護符として？　それとも別の世界へと導いてもらうために？　あるいはもう一度生まれ変われることを願って？　想像はどんどん膨らんでいきますが、理由は不明のままです。

　世界中のさまざまな地域のシャーマンたちが、エネルギーを増幅するものとして化石を使っています。現代のウイッカンの多くも化石の神秘的価値を認め、祭壇に置いています。

魔法の使い方

　ある暑くて乾燥した朝に、私はデヴィッド・ハリントンと一緒に南カリフォルニアの砂漠で化石を採集していました。そして古代のサンドダラー、二枚貝（クラム）、複雑な模様を描くコーラルの枝を次々に見つけました。昼の休憩場所を探しながら歩いていると、水晶がたくさん埋まった赤茶色の石がいくつも転がっている小川に出たのです。まるで奇跡のようでした。思わずいくつか拾い集め、小川のほとりに座って石を調べていると、大きなデザートラベンダーの木から樹脂の匂いが漂ってきたのを鮮明に覚えています。私たちは宝物を分け与えてくれた大地に感謝を捧げました。

　化石は風変わりで美しく魔力を秘めています。本当の意味での石ではありませんが、太古の生物が鉱物と同化することで石と同じ形態となり、石と結晶の魔法における地位を確立したのです。

　一般的に化石は守護の目的に使われます。家の中に置いたり装身具として身につけたりすると、私たちに備わっている防御能力を増強してくれます。モロッコでは化石を守護のアミュレットとして持ち歩きます。

　また長い時を経たものであることから、種類を問わず長寿のアミュレットとしても重用されています。

　大地の象徴および時の象徴として、あるいは魔法儀式のパワーを高めるために祭壇に置きます。

　特定の用途がある化石もあります。中世にドラコナイトと呼ばれていた

アンモナイトは、渦巻き状の貝殻を持つ海の生物が化石になったものです。かつてはその奇妙な外観からドラゴンの頭の中にあった石だとされ、左腕にくくりつけてお守りにしました。のちにイギリスでは、スネークストーンと呼ばれるようになりました。

　イギリスでときどき発見される古代の海綿の化石は、別名ウィッチストーンといいます。自然にできた丸い穴があるので、つないで首飾りにしたり、家に吊るしたりして護符とします。

　5弁の花のような模様が入っているサンドダラーの化石は、ウイッカの祭壇によく置かれています。この模様は、はるか昔から守護のパワーを持つ五芒星や5つの元素につながるものといわれています。すべての化石は第5の元素アーカーシャの支配を受けており、サンドダラーの化石は、土、風、火、水の領域を認識するための魔法に使われます。これを成功させると、自然魔法が発動します（元素についての詳細はパート4を参照）。

✪　魔力を強化する魔法

　魔法の儀式を行う前に、祭壇中央にサンドダラーの化石を置きます。このとき頂点のひとつがあなたとは反対側に向くようにします。右の頂点近くにターコイズを置き、大地と心を合わせましょう。

　残りの頂点に、時計まわりにシトリン、ガーネット、アクアマリンを置いていきます。これらの石はそれぞれ風、火、水を表しています。石を置くたびに各元素と心を同調させてください。

　最後にジェット、アンバー、あるいはそのほかの化石か水晶を、いちばん上の頂点近くに置きます。これはアーカーシャの象徴です。すべての元素に呼びかけて、魔力を強化します。それから魔法の儀式を行います。

　ここで挙げた石を持っていない場合は、パート4に掲載したリストを参照し、各元素に使える石を探してください。

✪　前世を垣間見る魔法

　化石は前世を垣間見たいときにも使えます。儀式は夜に行い、場所はキャンドルの明かり、あるいは窓から射し込む月の光しかないような暗い部屋

がよいでしょう。潜在意識レベルでは、過度の負荷がかかり奇妙な妨害を受けることがあるので、身を守るために水晶を持ちます。化石を使って瞑想に入ります。気が遠くなるほどの時の流れに思いをめぐらせながら、化石をじっと見つめます。化石に意識を同調させながら、過去を探っていきましょう。

　次に化石を陰の手で持ちます。深呼吸をして心を静め、あなたの潜在意識を目覚めさせましょう。

　この今ある人生、体、人格がするりと抜け落ちて、あなたという存在（魂）のエネルギーが、誕生、死、前世へとさかのぼっていくのを感じとりましょう。つらい前世や経験に出会ったら、化石を離せば、そこから離れ現在に戻れます。

　私は前世退行については賛成とも反対とも言えないと感じていて、この儀式のやり方を本書に記してよいものかどうか迷いました。前世への退行は自己欺瞞、すなわち思い込みの可能性を大いにはらんでいるのです。それでもあなたがこの分野に関心を持っているなら、人任せにするより自分で試してみるほうがはるかによいと思い、記すことにしたのです。前世退行についての考えはそれぞれ違いますが、化石そのものは過去への扉を開いてくれるのですから。

　アンバーやジェットも化石ですが、それぞれよく知られているものなので、本書では別個に解説しています。

カルサイト（方解石） *Calcite*

ほかの呼び名	アイスランドスパー
エネルギー	色によって異なる（後述）
支配惑星	色によって異なる（後述）
支配元素	色によって異なる（後述）
パワー	精神性　センタリング（肉体、精神、感情のバランスを整える）　平和　愛　ヒーリング　浄化　金運　守護　エネルギー

魔法の使い方

　透明な結晶体であるカルサイトには、無色透明、緑、ピンク、オレンジ、青などさまざまな色があります。

　この石には複屈折と呼ばれる特有の光学的性質があります。ペンで紙に線を引き、その上にカルサイトを置いてみてください。石の下の線が二重に見えます。この性質から、カルサイトは儀式の「パワーを2倍にする」魔法に使います。このとき石は祭壇上に置くか身につけます。

❖**無色透明のカルサイト【エネルギー：陰　支配惑星：月　支配元素：水】**
　スピリチュアルな儀式で使います。瞑想の際、意識を集中する焦点として使うと最適です。

❖**ピンクカルサイト【エネルギー：陰　支配惑星：金星　支配元素：水】**
　手に持つと心が静まり、集中が高まって地に足がつきます。愛に関わる儀式にも使います。

❖**ブルーカルサイト【エネルギー：陰　支配惑星：金星　支配元素：水】**
　身につけるか火を灯した紫あるいは青のキャンドルの間に置くと、ヒーリング効果があります。浄化の儀式では、青のカルサイトを使います。

❖**グリーンカルサイト【エネルギー：陰　支配惑星：金星　支配元素：土】**
　この石はお金を引き寄せ、家庭に繁栄をもたらします。毎朝2、3分、火を灯した緑のキャンドルで石を囲むと、この効果がよりいっそう高まり

ます。

❖**オレンジカルサイト【エネルギー：陽　支配惑星：太陽　支配元素：火】**

オレンジのカルサイトは守護の石で、手に持つと体にエネルギーを与えてくれます。元気のないときに効果を発揮してくれるでしょう。

カルセドニー（玉髄） *Chalcedony*

エネルギー	陰
支配惑星	月
支配元素	水
パワー	平和　悪夢よけ　旅行　守護　母乳の分泌促進　幸運

魔法の使い方

ほかにも同じパワーを持つ石はたくさんありますが、恐れや不安、ヒステリー、うつ、精神疾患、悲しみを消し去ってくれます。身につけたり手に持ったりすると、心が静まり平和な気分になります。

16世紀の魔術師たちは妄想や幻覚に苦しむ人々に、この石のネックレスや耳飾りをつけるように指示していました。また寝るときにはカルセドニーを枕の下に入れておけば、悪夢を見なくなり暗闇に対する恐怖がなくなるのです。

守護のパワーを持っているので、政変時や旅行中に身の安全を確保してくれます。またサイキックパワーによる攻撃や邪悪な魔法を跳ねのけるためにも使います。持ち歩けば事故に遭わずにすむでしょう。

ルネッサンス時代には、この石に右手を上げた男の像を彫り、裁判での勝利あるいは健康や安全を得るために身につけました。

美、強さ、エネルギー、事業での成功を得るために用い、イタリアの女性たちは母乳がよく出るようにと願いを込めて、白いカルセドニーのネックレスをつけます。矢尻の形に彫ったカルセドニーは幸運のお守りです。

キャストライト（クロスストーン）　*Cross Stone*

ほかの呼び名	十字石　フェアリークロス
エネルギー	陽　陰
パワー	自然魔法　元素のパワー　幸運

魔法／儀式にまつわる伝承

　以前、友人が北カリフォルニアに6カ月滞在したあと持ち帰ってくれた数々のすばらしいお土産の中に、キャストライトがありました。友人は「フェアリークロス」と呼んでいましたが、私にはそれがキャストライトだとすぐに分かりました。

　シャーマンが持ち歩くまじない用のパワーバッグにはこの石が入れられていることが多いですし、物々交換でも人気の高い石です。

魔法の使い方

　キャストライトはアンダリュサイトの一種で、結晶片岩の中に含まれています。割ったり削ったりすると、茶色い地の中に黒い左右対称の十字が入っています。

　その形状から、自然魔法を行う人々や体内の4元素のバランスを整えたいと願う人々がこの石を持ち歩きます。

　身につけたり祭壇の上に置いたりして、あらゆる種類の魔法に使います。ほかの珍しい形状の石と同じように幸運のお守りです。

キャッツアイ   *Cat's-eye*

エネルギー	陽
支配惑星	金星
支配元素	土
パワー	富　美　賭け事　守護　ヒーリング

魔法の使い方

　キャッツアイという名称は数種の異なった石に使われていますが、普通はアスベストを内包しているオリーブグリーンの水晶を指します。けれども古代アジアのキャッツアイは、クリソベリルのものでした。

　乳白色に流れるようなきらめく線が入ったこの石は、美をサポートする力を持っています。身につけていると美しさが増し、若さが保たれます。

✪　美をサポートする水の作り方

　この効能を持つ水は次のように作ります。汲みたての湧き水で満たした緑の大きなガラス瓶にキャッツアイを入れ、日光の下で3〜6時間置いたあと石を取り出します。水がなくなるまで毎日この水で顔を洗い、石は持ち歩きましょう。こうすることであなたの美しさは維持され、さらに輝きを増すことでしょう。

　キャッツアイは富やお金を求める魔法にも使います。この石を所有しているかぎり、財産は守られ増えつづけます。それを願って、お金と一緒に置いておく人もたくさんいます。財政状況の悪化を防ぐのはもちろんのこと、石を手に入れる前に失った財産も取り戻してくれます。富をもたらすキャッツアイは、ギャンブラーにとっては最高のタリスマンです。

　シルバーの台座にキャッツアイをはめ込んだ指輪はメンタルの健康、守護、洞察、幸運のお守りです。沈んだ気分を一掃し、代わりに喜びを与えてくれます。投機などを行うときにはぜひ身につけたい石です。

目を思わせる外観から、目の病気を回復させるためにも使われます。

✪ 金運の魔法
　手元にある最も高額な紙幣を用意します。隅々までキャッツアイでこすったあと、紙幣で石をしっかりと包みましょう。外れないように緑の糸で固く縛りポケットに入れて持ち歩くと、金運がよくなります。この紙幣は魔法の効力が発動したと確信できるまで使わないでください。

　アッシリア人は、キャッツアイは不可視性をもたらすと信じていました。おそらく目をくらませるようなその外観のためでしょう。

クリソコラ　*Chrysocolla*

エネルギー	陰
支配惑星	金星
支配元素	水
パワー	平和　英知　愛

魔法の使い方
　かつては手に持つと、理由のない恐れや不安、錯覚を追い払ってくれると信じられていました。平和の石で、高ぶった感情を静めます。身につけると物事に対して、また人との関係においても思慮深くなり、英知が深まります。
　緑色の石であるクリソコラは、愛を引き寄せるための魔法儀式でも使われます。

✪ 愛を呼ぶ儀式
　祭壇の前でクリソコラを手に取り、愛が成就する様子をイメージします。

半分程度の水を入れた小さな赤やピンクのカップに石を入れて、ここに赤いバラを3輪挿しましょう。花が枯れてきたら新しいバラと交換してください。これであなたの人生に愛が訪れるでしょう。

クリソプレーズ　*Chrysoprase*

エネルギー	陰
支配惑星	金星
支配元素	土
神	ウェスタ（ローマ神話のかまどの女神）
パワー	幸せ　幸運　成功　友情　守護　ヒーリング　金運

魔法の使い方

　アップルグリーンのカルセドニーであるクリソプレーズは気分を高揚させ、貪欲、羨望、身勝手、緊張、ストレスを消し去ります。持っていると元気が出るとともに、悪夢よけになります。また雄弁さが備わって、新しい事業の成功をもたらします。幸運の石で、多くの友人を引き寄せます。

　13世紀にはこの石に牡牛を彫って、守護のアミュレットとしました。今でも負のものを寄せつけない盾として使います。

　ヒーリング能力としては、目を強化し、出血を止め、リウマチの痛みを抑えます。

　金運のパワーもあるので、いつも小さなこの石を持ち歩きましょう。

クンツァイト *Kunzite*

エネルギー	陰
支配惑星	金星　冥王星（**注**：現在は準惑星に分類されていますが、原書に忠実に記載してあります）
支配元素	土
パワー	リラクゼーション　平和　グラウンディング

魔法の使い方

　最近サンディエゴで行われた宝石と鉱物の展示会に出かけ、ピンクや薄紫の美しいクンツァイトが何ダースも展示されているブースに立ち寄りました。長さが3センチ足らずのものから15センチほどのものまで大きさはまちまちでしたが、そばに立っているだけで、すべての石から平和に満ちた波動が伝わってきました。

　ところが、ある光景ではストレス値がぐっと上がりました。女性が「これを持ってみて。心が落ち着くでしょ？」と言いながら、買ってほしいとばかりに連れの男性の手に小さな石を押しつけていました。彼も同意していたのですが、それには「95ドル」という高額な値札がついていたのです。それを見た男性の戸惑った表情を今でも覚えています。

　クンツァイトはかなり最近の石です。古い書物でこの石に言及しているものはありません。でも使った人たちからは賞賛の声が高まり、今ではいくつかの用途が確立しています。

　最も質がよいのは薄紫色のもののようで、聞いたところでは、日光に長くさらしすぎると色があせてしまうそうです。前述したようにこの石は値段が高く、私が最近買った25セント硬貨大（直径2.4センチ）の小さなものが9ドルもしました。

　クンツァイトの持つパワーですが、身につけるとリラクゼーション効果があります。緊張を和らげ、日々の生活のストレスでこわばった筋肉をゆるめてくれます。凝った部分を撫でるだけでも効果があります。

仕事でプレッシャーを感じているのなら、机の上など作業場所に石を置きましょう。陰の手に持つとストレスが軽減され、車の中に置くと渋滞にあってもイライラしなくなります。金銭的に余裕があるなら、運転中に事故を起こさないよう、車用のアミュレットに小さなクンツァイトを加えるとよいでしょう。

　アメジストと同じように平和をもたらす石です。持ち歩いても、じっと見つめるだけでも、怒りや緊張、不安が静まります。

　センタリングとグラウンディングのパワーもあるので、身につけていると「地に足がつく」効果があります。

　また愛を引き寄せるパワーもあります。この石にはまだまだ未知の部分が多く、すべての秘密が解明されるのはもう少し先のことになるでしょう。

コーラル（珊瑚） *Coral*

エネルギー	陰
支配惑星	金星
支配元素	水　アーカーシャ
神	イシス（エジプト神話の豊穣の女神）　地母神 ビーナス（ローマ神話の愛と美の女神）
関係の深いメタル	シルバー　コッパー
パワー	ヒーリング　月経周期を整える　農業　守護　平和　英知

魔法／儀式にまつわる伝承

　コーラルは太平洋の島々における宗教や魔法儀式で、重要な役割を果たしてきました。この地域の人々は今でも死者を守るために墓の上に置き、かつては寺院をラバ（溶岩）やコーラルで作ることもありました。

　地中海ではアンバーと同じように、母なる女神の「生命のエッセンス」を内包していると考えられていました。母なる女神は海中のコーラルの「ツ

リー（木）」に宿っていたのです。

　ヒンズー教では人間が死ぬと魂は海に還るとされ、コーラルは生者にとって強力なアミュレットでした。また死者の体の上にコーラルを置いて、悪霊が入り込むのを防ぐ風習もあります。古代スカンジナビアの神話でも、コーラルは神々と関係の深いものとして重用されました。

　コーラルは石でも植物でもなく海に住む生物の骨格なので、これを魔法に使うことに異議を唱える人たちがたくさんいます。魔法のために生物(つまりコーラル)を犠牲にする時代は終わったのです。

　けれども私は、フロリダやハワイやイタリアのビーチに転がっているコーラルのかけらを拾うことが、よくないとまでは思っていません。商業的意図による採集とはまったく異なる行為です。また魔法のために、店頭に出されたコーラルを買うことについては、あなた自身が決めることだと思っています。

魔法の使い方

　暖かく穏やかな日に、私は誰もいないハワイの海岸を歩いていました。アクアマリン色の海がキラキラと輝き、白いコーラルの砂に波がやさしく寄せては返していました。そのとき、小さな白いコーラルのかけらがまさに私の足元に打ち上げられたのです。うれしい驚きでした。感謝を捧げながら水に削られたコーラルを拾い上げた瞬間、そこには魔法のパワーが存在していることを感じました。

　はるか昔、赤いコーラルは神々からの贈り物で、世界中の海岸に打ち上げられていました。特に多かったのはイタリアです。その魔力を損なわないため、人々は自然のまま使いました。磨いたり、削ったり、カットしたり、彫刻したりといった加工を施さなかったのです。コーラルは生きており(たしかに生きてはいましたが)、加工すればそこに宿る魔法のエネルギーを殺すことになると人々は考えたのです。今ではこれほど厳密に人の手を加えることがタブーとはされていませんが、ひとつだけ「魔法に使用したコーラルが理由の如何を問わず折れてしまったら、そのパワーは失われてしまった」とする考え方は、今でも残っています。このような場合は

新しいものを手に入れなければなりません。折れたコーラルは、本来の居場所である海に返してあげましょう。

コーラルという単語は「海の娘」を意味するギリシア語に由来します。かつてイタリアの女性は、生理周期を整えるために脚の付け根近くにコーラルをつけていました。コーラルと海と月と生理周期にはつながりがあると知っていたのです。赤いコーラルは出血が始まると色が薄くなり、終わると鮮やかな色に戻ると信じられていて、生理の始まりを予測するためにも使われていました。男性の目に触れると魔力が失われることから、女性たちは注意深く隠していたそうです。

コーラルは今でも魔法に使われています。人から見えるように身につけると守護のアミュレットとなり、邪眼、悪魔、憤怒、夢魔、幽霊といった邪悪なものを寄せつけず、事故や暴力行為、毒、盗み、憑依、不妊を防ぎます。

また持ち歩くと内面の変化を促します。愚かさ、神経過敏、不安、うつ、殺人欲求、パニック、悪夢を消し去り、理性、思慮深さ、勇気、知恵をもたらします。枕の下に入れておくと、いやな夢を見ずにぐっすりと眠れます。

何千年も昔から、コーラルは子供に関連した魔法でも使われてきました。子供に贈ると、もらった子は病気をせず健やかに育ちます。

赤ん坊にコーラルのペンダントやビーズを体につけてやると、歯が生えるときの痛みを軽減し、またガラガラになってあやすことができます。子供部屋に置くと、そのパワーで子供たちを守ります。

古代エジプトおよびギリシアでは、ある特殊な使い方がされていました。悪天候や害虫から作物を守るために、植物種にパワーを注ぎ込んだコーラル粉を混ぜて畑にまいたのです。また収穫量を増やすために、果樹に吊るすこともありました。

ヒーリングの用途では、赤のコーラルは消化不良や消化器官の痛み、目の疾患、止血に使いました。また体に不調があると色が薄くなるので、昔の人たちは警告サインとしても重用していたようです。

コーラルは家に幸運を呼び寄せます。かけらをひとつ持って、家の中を時計まわりに歩き、すべての扉、窓、壁に触れていきましょう。終わった

ら目立つ場所に置いて、あとは石のパワーに任せます。

　コーラルは愛とも深く関係しています。古代ローマの女性たちは、男性を引きつけるためにコーラルの耳飾りをつけました。16世紀の「金星」のインセンスにはコーラルの粉が使われていましたし、愛を引き寄せるために赤やピンクのキャンドルをコーラルのかけらで囲んで火を灯しました。

　海と深くつながっているものなので、船や飛行機で海を渡るときの護符にしたり、船が難破しないように防護する目的で使ったりします。サメよけのお守りにすることもあります。

コール（石炭）　　*Coal*

エネルギー	陰
支配惑星	土星
支配元素	土
パワー	金運

魔法の使い方

　多くの家庭で暖房用に使われているコールにはお金を引き寄せる力があるとされています。出かけるときはポケットに入れて持ち歩き、家ではお金と一緒に置いておくとよいでしょう。

　ロンドンではよく投機家が幸運のお守りとして事務所に置いたり、カバンに入れて持ち歩いたりしています。

サード　　　　　　　　　　　　　　　*Sard*

エネルギー	陽
支配惑星	火星
支配元素	火
パワー	恋愛　守護　勇気　安産

魔法の使い方

　サードは赤みを帯びた黄または茶の水晶（カーネリアンの仲間）です。男性よりも女性が身につけたほうが効果があると考えられています。

　1300年代、人々はサードにブドウのツル（男性エネルギーの象徴）とツタ（女性エネルギーの象徴）の絵を彫っていました。女性たちは、これを幸運と愛を引き寄せるお守りとして身につけたのです。

　赤みを帯びたサードは火星に支配されています。この石は勇気を引き出すだけでなく、守護の魔法や、負の呪文を撃退するときにも用いられました。勇気とはどのような状況にも立ち向かえるという自信と、それを表現できる体の強さがあってこそ、生まれるものです。

　出産時のトラブルをなくすため、妊婦にサードを贈っていた時代もありました。

サードオニキス　*Sardonyx*

エネルギー	陽
支配惑星	火星
支配元素	火
神	マルス
関係の深いメタル	シルバー　プラチナ　ゴールド
パワー	守護　勇気　幸せな結婚　雄弁　平和　幸運

魔法の使い方

　サードオニキスは、茶色のサード層が見られるカルセドニーです。守護の魔法を行うとき、勇気が欲しいとき、恐怖や不安を打ち消したいときに身につけます。古代ローマでは効果を強化するために、石にヘラクレスやマルスの姿を彫っていました。

　サードオニキスは対話を促して、恋人や夫婦関係を良好に保ち、家庭内の争いごとを終息させます。

　特に弁護士や人前で講演をする人など雄弁さを求められるときに、身につけたり持ち歩いたりするとよいでしょう。サードオニキスのついたアクセサリーを法廷で身につけていると、明快な論弁ができるといわれています。

　心臓の近くにつけると、憂鬱や落胆などの落ち込みを緩和し、平和や喜びをもたらしてくれます。

　幸運を呼び込むためにサードオニキスに鷹の頭部を彫り、シルバーやプラチナまたはゴールドと合わせて身につけていた時代もあります。

サーペンティン（蛇紋石） *Serpentine*

ほかの呼び名	ザ・ツ・ムシュ・ギール（アッシリア語）
エネルギー	陽
支配惑星	土星
支配元素	火
パワー	守護　母乳分泌

魔法の使い方

　サーペンティンに関する情報がほとんど手に入らないため、上記のエネルギー、支配惑星、支配元素については仮のものです。

　古代アッシリアでは、サーペンティンでできた印章を持ち歩くことで、神や女神の恩寵が倍増するといわれていました。

　また授乳中の女性が母乳の出をよくするために首にかけたりもします。

　それ以外の基本的効能は、ヘビ、クモ、ハチ、サソリ、その他害のある爬虫類や昆虫などから身を守ってくれることです。そんなこと役に立たないと思われるかもしれませんが、ちょっと考えてみてください。キャンプに行ったときやハイキングに出かけたとき、木がうっそうと茂る場所を通ったことはありませんか？　砂漠へ石の採集に出かけたことは？

　人によって管理された環境（住んでいる場所）の外に出ると、私たちは自然にさらされ、自分たちのテリトリーを守ろうとする生物に噛まれたり刺されたり、さまざまな方法で攻撃を受けます。でも慌てることはありません。林の中を歩いたり、自然を探検したりするときに、サーペンティンを身につければよいのです。そうすれば林でも砂漠でも、そこに住む生物たちから攻撃を受けることはないでしょう。

サファイア　*Sapphire*

ほかの呼び名	ホーリーストーン　スターサファイア：アストラエ
エネルギー	陰
支配惑星	月
支配元素	水
神	アポロ
パワー	サイキズム　恋愛　瞑想　平和　防御魔法　パワー　ヒーリング　金運

魔法／儀式にまつわる伝承

　ギリシア人はサファイアをアポロとみなし、デルフォイにある有名な神殿などで神託を求める際に身につけました。

魔法の使い方

　この石を身につけると第3の目が刺激され、霊性が高まります。先ほど述べた古代ギリシアの風習からも、まさに古代ギリシア人は、潜在意識に働きかけるというサファイアの能力に気づいていたということになります。

　サファイアは愛の守護者です。忠誠心や貞節心を育み、恋人同士の感情にもつれが生じないようにする調整能力があります。古くは嫉妬心を消す、前向きな社会生活を促す、敵と和解するといった目的で身につけられていました。婚姻関係だけでなく、あらゆる関係において、これらすべての効果が期待できます。

　貞節を促す目的で使用できるのは1回だけですが、それには以下のようなことが関係しているかもしれません。つまり貞節というのは、築かれた関係外で性交渉を行わないという解釈ですから、一度破ってしまえば、もう意味がないわけです。

　サファイアは穏やかな深い青色をしています。瞑想するときや英知を得ようと熟考しているときなどに身につけると、より集中することができま

す。1300年代後半、アルベルトゥス・マグナス作とされていた手稿を執筆した人は、サファイアを身につけると「内なる熱」すなわち怒りのような感情がおさまると述べています。

サファイアの防御魔法としての使用は、はるか昔にまでさかのぼります。悪魔と邪悪なものを遠ざけると考えられていたサファイアは、今日では防護防御のアクセサリーとして、また負のエネルギーを送り主に送り返す魔法においても使われています。

現代では訴訟や法律に関わる人がサファイアを好む傾向がありますが、これはおそらくこの石に不実や不正を暴く力があるからでしょう。サファイアは持ち主が正しい行いをしているときにだけ、効果を発揮します。

サファイアにはヒーリング効果がありますが、特に目に対しては、サファイアがそばにあるだけで視力がよくなるといわれるほどです。また解熱にもよく効き、額に石を押し当てると鼻出血も止めることができます。

全般的な健康のお守りとして身につけるとよいでしょう。バッジ（英国の古典学者）が『Amulets and Talismans』（未訳）で述べているように、肉体が強く健康であるほど、邪気（病気、感染症など）に侵される危険性が減るのです。

バルトロメウスの古い著作には「魔女もまた、この石を好む。なぜなら、この石の持つ特性を利用すれば、奇跡を起こすことができると信じているからだ」と記されています。魔術師たちは儀式で潜在能力を高めるために、好んで身につけていたのです。

アクセサリーとしてもよく使われますが、富や繁栄を引き寄せる魔法にも有効です。初期の儀式的魔法では、天に資源をもたらすようにとの願いを込めて、サファイアにアストロラーベ（天体観測儀）の絵を彫っていました。

スターサファイアの魔力はあらゆる目的において、さらに強力であると考えられています。

サルファー　*Sulfur*

ほかの呼び名	サルファー（sulphur、sulfer　綴りが異なる）
エネルギー	陽
支配惑星	太陽
支配元素	火
パワー	守護　ヒーリング

魔法／儀式にまつわる伝承

　サルファーは黄色の鉱物です。燃えると、独特の強い匂いを発します。この強烈な匂いと色によって、サルファーは何世紀にもわたって魔法に重用されてきました。

　儀礼的魔法が盛んだった時代には、サルファーを燃やすことで鬼や悪魔を撃退しました。さすがに鬼や悪魔も悪臭を嫌って退散するだろうと考えられていたのです。

　その後魔法の燻蒸剤としてサルファーを燃やすことで、動物や住居を邪悪な魔力から守るようになりました。

魔法の使い方

　サルファーはつい最近まで、風邪やリウマチ、体の痛みに処方されていました。通常は小さな赤い袋に入れて首にかけます。

　守護の儀式を行うときに祭壇に置いたり、全般的な魔法の「見張り役」として家に保管しておいたりもします。

サンストーン　*Sunstone*

エネルギー	陽
支配惑星	太陽
支配元素	火
関係の深いパワーストーン	ムーンストーン
関係の深いメタル	ゴールド
パワー	守護　エネルギー　健康　性的エネルギー

魔法／儀式にまつわる伝承

　サンストーンという名前の石は、少なくとも2種類あります。ひとつはほのかにオレンジがかった透明の水晶で、オレゴンサンストーンというものです。

　もうひとつはインドから輸入されたフェルドスパーの一種がこの名で呼ばれていました。見る方向によっては、オレンジのオパールのような火を思わせる多彩な色にきらめきます。魔法で利用されていたのはこちらの石だけです。

　ルネッサンス期、サンストーンはそのキラキラ輝くオレンジゴールドの色合いから、太陽と結びつけられることが多くありました。魔術師たちは太陽の力を取り込もうと、ゴールドにはめ込んだサンストーンを身につけていました。

　象徴的な意味で、サンストーンはムーンストーンと関連があります。

魔法の使い方

　本書を執筆するにあたって調査をしているとき、サンストーンに関する記載はいくつか見つかったものの、具体的な情報は得られませんでした。とうとうある日、展示会で古いフェルドスパーのサンストーンを売っている業者を見つけました。これまでサンストーンを見たことがないと告げる

と、業者はこのサンストーンは20年前に買ったものだと教えてくれました。どれも美しく、私は大喜びで購入して家に持ち帰ったのです。

　光を反射して光る石の多くがそうであるように、サンストーンにも守護の効果があります。自宅に白のキャンドルを用意し、その前にサンストーンを置くと、家中に守護のエネルギーが降り注ぎました。

　ヒーリング用ハーブが入った袋にサンストーンを入れると、ハーブのエネルギーを高めてくれます。またストレスを感じたときや体調がすぐれないときに持ち歩くと、体にパワーがみなぎります。

　下腹部に置くと性欲を刺激し、性的エネルギーを高めます。

　残念なことに、魔法におけるサンストーンの使用方法は、そのほとんどが忘れられてしまいました。私が知るかぎり、ほんのわずかでもこの石に触れている書籍はありませんでした。もしサンストーンを見つけることができたなら、どうか大切にしてください。

ジェイド（翡翠）　　Jade

ほかの呼び名	ピエドラ・デ・ヒジャーダ（スペイン語で「側面の石」の意）
エネルギー	陰
支配惑星	金星
支配元素	水
神	観音菩薩　マアト（古代エジプト神話の女神）　ブッダ
パワー	愛　ヒーリング　長寿　英知　守護　園芸　繁栄　金運

魔法／儀式にまつわる伝承

　昔からジェイドで木琴、銅鑼、風鈴などの楽器が作られています。叩くと美しい音が出るので、中国やアフリカ全域および北米先住民ホピ族の儀式でも、ジェイド製の音を出す道具が使われていました。

中国では今も昔も聖なる石とされ、月や大地の祭壇をジェイドで飾り、ブッダをはじめ神々の像がジェイドによって作られていました。また死者に生命を与える力があるとも信じられていて、副葬品として墓所から数多く出土しています。また男性同士が、ふたりの人間をかたどったジェイドの像を、友情の印として交換しました。

ニュージーランドではマオリ族の人々がネフライト（ジェイドに関係する石）を使って、先祖の姿をした像を作っていました。しばしば真珠を目に埋め込んだヘイチキと呼ばれるこの像を、儀式で身につけていたようです。またこの石自体も幸運をもたらす石と考えられてきました。

ジェイドには天候を操作するパワーがあるともいわれ、昔は霧や雨や雪を発生させるために、ジェイドを力いっぱい水に投げ込んだようです。

魔法の使い方

ジェイドは古くから愛を引き寄せる石とされています。中国では蝶の形を彫って身につけたり、愛する人に贈ったりします。女性から男性への婚約の贈り物としたり、男性が結婚式前に妻となる女性に贈ることもあります。

心を癒す緑の色合いから、ヒーリングにも使われます。治療の際、病気の背後にある精神的な原因に働きかけて、体の回復を促します。特に腎臓、心臓、胃の疾患に効果を表します。

ジェイドは体調を整え、病気を予防します。古代マヤ人は腎臓や膀胱の病気を防ぐアミュレットとして、この石を身につけていました。

中国の人々はジェイドに寿命を延ばすパワーを感じとり、コウモリやクマ、コウノトリの姿にかたどって持ち歩きました。またジェイドのお椀で食事をすると、長寿のパワーが食べ物に移ると信じられ、お椀としても重用されました。

庭仕事でも効果を発揮します。植物がよく育つようにと作業時に身につけたり、あるいは庭のまわりにジェイドを4つ埋めたりしました。

この石を持っていると金運がよくなります。ジェイドのペンダントや指輪にお金を引き寄せるエネルギーをチャージして、その恩恵を享受しま

しょう。お金を肯定的にとらえ、生産的かつ創造的に使う場面をイメージするのです。このとき、お金がもたらすさまざまな負のイメージは、意識的に排除してください。

　仕事上で進むべき方向性が見えないときには、陰の手でしばらくこの石を握り、成功をもたらすエネルギーを受け取ります。進むべき道が自然に開けてくるでしょう。

　ジェイドを身につけたり第3の目に当てたりすると、英知を得られます。単なる上辺の知識ではなく、適切な状況判断ができる見識が得られるのです。ジェイドは精神力を強化し、論理的思考を養ってくれます。

　この石には守護のパワーもあり、持ち歩くことで注意深くなり事故や災害から守ってくれます。守護の魔法儀式では、紫のキャンドルと一緒に祭壇に置くか、身につけて行います。

★　**執拗な勧誘や誘惑を回避する魔法**

　古くから伝わる風変わりな魔法をひとつお教えしましょう。正方形のジェイドを用意して、4隅にそれぞれ1、8、1、1の数字を刻みます。

　この石を純金の台座にはめ込みます。早朝、日が昇る方角を向いて、このアミュレットに3回息を吹きかけ、「トト」と500回唱えます。それから日の入りまで待って、再び3回息を吹きかけ、「トト」と500回唱えます。これでアミュレットの完成です。アミュレットを赤い糸で縛って持ち歩くと、執拗な勧誘や誘惑に対抗できます。

ジェット　*Jet*

ほかの呼び名	ウィッチズアンバー（魔女の琥珀） ブラックアンバー
エネルギー	陰
支配惑星	土星
支配元素	土　アーカーシャ
神	キュベレー（プリュギアや古代ギリシャ、古代ローマの大地母神）
関係の深いハーブ	ラベンダー　セージ
パワー	守護　悪夢よけ　幸運　本能的予知　健康

魔法／儀式にまつわる伝承

　黒いガラスのようなジェットは、何百万年も昔の木の化石です。その色合いから土の元素と結びつけられていますが、元は有機物だったため、アーカーシャとも関わりがあるとされています。

　ジェットとアンバーはどちらもこすると静電気を帯びる性質を持っています。この性質とミステリアスな成り立ちから、ジェットは昔から魔力を持つ石といわれてきました。

　長時間身につけていると、持ち主の「魂」を吸い取ってしまうと考えられていて、その威力は同じ力を持つほかの石と比べても格別に強力だと信じられています。このような石は悪心を抱く人間の手に渡ると悪用され、元の持ち主に害が及ぶので厳重に守られていました。

　古代ギリシアで成長と植物の女神キュベレーを信奉していた人々は、女神の加護を願ってジェットを身につけていました。今でも庭仕事に携わる人たちは植物がよく育つようにとの思いから、この石を必ず持っています。

　「婚姻関係」にあるとされるアンバーとともに、先史時代の墓地で出土します。死者の幸福を願って、あるいは遺骨を守るために置かれたのでしょう。

現代でもウイッカの高位の女司祭たち、特に故ジェラルド・ガードナーに連なる流派の者たちは、アンバーとジェットを交互につないだネックレスをよく身につけています。

ジェットはすばらしいパワーを持っていますが、売られている石の多くは黒ガラスなので、購入する際は気をつけてください。必ず信頼できる店で買いましょう。

魔法の使い方

ジェットは陰の石で、特に負のエネルギーを吸い取る力を持っており、持ち主の身を守る護符となります。持ち歩いたり、小粒なものをつなぎ合わせてネックレスにしたり、守護の儀式を行う際に白いキャンドルと一緒に祭壇に置いたりして使いましょう。家の中に置くと、災いなどから家を守ってくれます。

ブリテン島では昔、海の魔女や漁師の妻たちが強力な守護の力を持つとして、この石を大切にしていました。火に入れてインセンスのように焚き、海に出ている夫の安全を祈ったのです。

生まれたばかりの赤ん坊のお腹の上に小さなジェットを置いて、加護を願う習慣があります。旅人のために力を発揮するアミュレットでもあり、旅の道中や異国での危険を排除します。中世にはカブトムシの形に彫って護符としました。

悪夢を追い払い安眠できるようにするには、身につけて寝るか枕の下に入れておくか、あるいはベッドの支柱に吊るしましょう。

ジェットには潜在意識の活性化を促すパワーもあります。透明なガラスの瓶にこの石を削ったものを少し入れ、水を満たします。そして水が温まるまで数時間日光に当ててください。そのあと水をフィルターなどで漉して、潜在意識にコンタクトしたいときに飲みましょう。

ジェットの粉を霊的効用のあるインセンスにほんの少量加えたり、木炭の真っ赤な部分にのせたりすると心が静まり、その煙でスクライングを行えます。

✪ 古代の占い

　ジェットを利用した古代の占いは、非常に原始的でシンプルですが、大きな斧と暖炉か石で組み上げた野外炉が必要です。まず斧の刃を火に入れ、赤くなるまで熱します。心の中に知りたいこと悩んでいることを思い浮かべながら、ジェットにパワーをチャージします。

　斧の刃が十分に熱くなったら火から取り出し、その上にジェットをのせてください。ジェットが燃えたら答えはイエスか吉、燃えなかったらノーか凶です。

　ジェットは健康維持やヒーリング魔法にも使います。体内のエネルギーの流れを整え、健康を保ってくれます。火を使ったヒーリングでは、ジェットを青いキャンドルと組み合わせて使います。あるいはラベンダーおよびセージとともに燻すと、健康増進に効果があります。

ジオード（晶洞）　　　　　　　　　　　　　　　　*Geode*

ほかの呼び名	アエティテス　エキテス　アキレウス　イーグルストーン　サンダーエッグ
エネルギー	陰
支配元素	水
神	地母神
パワー	瞑想　多産　出産

魔法／儀式にまつわる伝承

　中世の人々は、鷲がこの石を巣に持ち帰るので、鷲が好む石であると信じていました。

　内側に結晶が隠れた丸い石であることから、ジオードは卵の象徴とされ、また地母神とも関わりが深いと考えられています。

魔法の使い方

　ジオードは堆積岩の隙間に鉱物が結集してできた球状の塊で、中空の内側が結晶状態になっています。たとえばあらゆる水晶がこの中に結晶し、大きさは長さが400メートルにおよぶこともあれば、手のひらサイズのものもあります。またはっきりとした結晶が形成されていない場合もあり、そうしたものは割ってみると鉱物が複雑な模様を描いています。

　アメジストのジオードは地球上で最も美しい物質のひとつでしょう。半分に割ると紫色の結晶が中心に向かって成長していて、日の光が当たるとまばゆいばかりにキラキラと輝きます。「アメジストログ」と呼ばれるその名のとおり、丸太を思わせる細長いものがたくさん出まわっていますが、何百ドル何千ドル（日本円にすると何万何十万）という値がついています。そんなアメジストのジオードは、アーサー王伝説を題材にしたメアリー・ステュアートのすばらしい小説『The Crystal Cave』（未訳）に出てくるマーリンの洞窟を思い起こさせます。

　アメジストをはじめ独立した結晶を内包しているジオードは、瞑想を行う際に思考の焦点として利用できます。

　祭壇の上に置くか手にのせると、ジオードの中に含まれている結晶のパワーを凝縮することができます。魔法を行うときは、視覚化によってこのパワーを標的にぶつけましょう。

　エネルギーをチャージした石を寝室に置いて受胎能力を向上させ、妊娠を促すこともあります。

　偽アルベルトゥス・マグヌスは愛を引き寄せるため、あるいは早産（流産）の予防にジオードを持ち歩くよう勧めています。

シトリン　*Citrine*

エネルギー	陽
支配惑星	太陽
支配元素	火
パワー	悪夢よけ　守護　サイキズム

魔法の使い方

　眠るとき身につけると不安を消し去り、悪夢を防ぎ、安眠をもたらします。水晶の一種であるシトリンには、潜在意識を活性化させるパワーもあります。

ジャスパー　*Jasper*

ほかの呼び名	ググ（古代アッシリア） レインブリンガー（アメリカ先住民族）
エネルギー	色によって異なる（後述）
支配惑星	色によって異なる（後述）
支配元素	色によって異なる（後述）
パワー	ヒーリング　守護　健康　美

魔法／儀式にまつわる伝承

　アメリカ先住民は雨乞いの儀式でジャスパーを用い、「レインブリンガー（雨をもたらすもの）」と呼んでいました。またアメリカ合衆国の初期の入植者たちは、占いに使っていました。

　古代エジプト王のひとりは胃腸を強くするために、太陽の光に包まれたドラゴンを彫刻した緑のジャスパーを身につけていました。

魔法の使い方

　ジャスパーは石英の一種であるカルセドニーのうち不透明なもので、ごく一般的な石です。赤、茶、緑などさまざまな色があり、はるか昔から魔法に使われてきました。

　メンタル機能を強化し、危機的状況につながる欲望や出来心を抑制します。ジャスパーは持ち主を肉体的精神的危険から守るパワーを持った石なのです。

　手に持って出産に臨めば安産につながり、母子ともに守られます。特に出産時の痛み軽減に効力を発揮します。

　きれいな矢尻形のジャスパーは、幸運を呼び寄せるお守りです。色によって魔法の性質と用途が異なります。

❖レッドジャスパー【エネルギー：陽　支配惑星：火星　支配元素：火】
　ライオンや射手を彫刻したレッドジャスパーは、毒よけと熱冷ましのお守りでした。守護のパワーがあり、防御の魔法に用いると邪悪なエネルギーを跳ね返します。またヒーリングや健康の魔法にも使います。若い女性が持つと、本来の美しさや優雅さがさらに増していくでしょう。

❖グリーンジャスパー【エネルギー：陰　支配惑星：金星　支配元素：土】
　ヒーリングのアミュレットであり、健康のタリスマンです。肉体の回復を促し健康を脅かすものを避けるには、緑のキャンドルを囲むようにこの石を並べましょう。身につけて眠ると、不安や幻覚がなくなって安眠できます。また他人に対して憐憫や同情の気持ちなど共感性をもたらします。

❖ブラウンジャスパー【エネルギー：陰　支配惑星：土星　支配元素：土】
　特に大がかりな魔法儀式や精神的あるいは霊的作業を行ったあとに、肉体や精神、感情のバランスを整え（センタリング）、地に足をつけ現実に立ち返らせる（グラウンディング）パワーを持っています。夢見がちで現実の生活がおろそかになりがちな人は、この石を身につけましょう。

❖モトルドジャスパー【エネルギー：陽　支配惑星：水星　支配元素：風】
　身につけると、水に溺れないよう守ってくれます。４大元素、基礎、制御のパワーを象徴する正十字を刻んだものは、とりわけこの力が強いとさ

れています。

ジルコン　*Zircon*

エネルギー	陽
支配惑星	太陽
支配元素	火
関係の深いメタル	金
パワー	守護　美容　恋愛　平和　性的エネルギー　ヒーリング　盗難防止

魔法の使い方

ジルコンは少々複雑な石です。さまざまな色がありますが、そのなかには人工的に作られた色もあります。また多種多様な名前で呼ばれています。それらすべてに魔力が宿っています。

❖クリア（ホワイト）ジルコン

魔法においてはダイヤモンドの代わりになり、お守りとして身につけます。精神面に作用し、論理的な思考へと導いてくれます。

◎　興味深い儀式

ホワイトジルコンまたはクリアジルコンにキスをします。純潔あるいは独身を誓っていればジルコンは透明なままですが、そうでない場合は黒く変わるでしょう。

❖イエロージルコン（ジャーゴン　ジャーグーン　リギュール）

身につけることで性的エネルギーが高まり、愛を引き寄せます。また絶望から逃れたいとき、警戒心を強めたいとき、ビジネスで成功したいときには持ち歩くとよいでしょう。

❖オレンジジルコン（ジェーシンス　ヒヤシンス）

　身につけることで不安や嫉妬の気持ちを静め、美を追求します。旅行中には、ケガから身を守ってくれます。家の中に置いておけば泥棒を遠ざけますので、貴重なものと一緒に保管しておくとよいでしょう。ゴールドの台座にはめ込むとパワーが倍増します。

❖レッドジルコン（ヒヤシンス）

　持ち歩くか富を呼び込む儀式に使用することで、裕福になることができます。またお守りの石なのでケガから身を守り、疲労したときにはエネルギーを補給してくれます。身につけることで、体の痛みを取り除いてくれるでしょう。

❖ブラウンジルコン（マラコン）

　グラウンディングやセンタリングに用います。富やお金に関する魔法に活用されます。

❖グリーンジルコン

　お金に関する魔法に使います。

水晶　　　　　　　　　　　　　　　　　Crystal Quartz

ほかの呼び名	クリスタル　ウィッチズミラー（魔女の鏡）　スターストーン　アイリス（虹彩：プリズム様の効果から）　ザストゥン（マヤでの呼び名）
エネルギー	陽　陰
支配惑星	太陽　月
支配元素	火　水
神	地母神
関係の深いメタル	シルバー　コッパー　ゴールド
関係の深いハーブ	コーパル　マグワート　チコリ　セージ　スイートグラス
パワー	守護　ヒーリング　サイキズム　パワー　母乳分泌

魔法／儀式にまつわる伝承

かつて水が凝固したもの、あるいは氷だと考えられていた水晶は、何千年もの間さまざまな宗教やシャーマニズムの儀式で重用されてきました。

また水とのつながりが深いため、オーストラリアやニューギニアなど環太平洋の多くの地域では、昔から雨をもたらすものとされています。

古代ギリシアではエレウシスの秘儀と呼ばれる儀式で、太陽光を集め聖なる火を起こす装置として、水晶が用いられていたのではないかといわれています。けれどもあくまでも秘儀であり、詳細は分かっていません。

水晶は北米先住民部族の間で広く儀式や魔法に使われていました。北カリフォルニアでは水晶を先端につけた杖が見つかっています。水晶のパワーを認知していたチェロキー族のシャーマンは、シカの革に包んで保管し、定期的にシカの血を染みこませていたといいます。彼らが持ち歩く呪術用品を入れた袋（パワーバッグ）や包みの中には、必ず水晶が入っていました。

現代でもウイッカン（ウイッカ信者）は満月の儀式には、シルバーと組み合わせて必ず水晶を身につけます。女神の象徴でもあるので、月に関わる儀式でもしばしば祭壇に水晶玉を置きます。ひんやりと冷たい感触は海を象徴しています。

ウイッカの祭壇には水晶をふたつ置くこともあります。これらはすべてを創造する宇宙の2大パワーである神と女神を表しています。神を表すために水晶の原石を、女神を表すために水晶玉を置く人たちもいます。

シャーマニズムにおいて水晶はシャーマンを意味し、シャーマンは水晶を意味します。つまり両者の間には違いがなく同じものなのです。そのような関係から水晶は、シャーマンにとってパートナーともいえる存在であり道具なのです。

神秘主義では霊魂および人間の知性の象徴とされています。

魔法の使い方

現在、水晶は世界各地で多くの儀式に使われています。ヒーリングや潜在意識へのコンタクト、そして魔法にも使われることから、水晶はニュー

エイジの精神（精神世界の探求や環境保護などに意識を向ける新しい思想と文化の潮流のこと）と深くつながるものとされています。一時は産業的に利用される以外はどこへ行っても水晶を見かけなくなっていましたが、今は大きな商業ビジネスとなっているのです。

石の浄化については一般的なやり方を第7章で説明しましたが、ハーブを使って清める方法もあります。

北米に自生するハーブで、ヒーリングと浄化パワーを持つセージとスイートグラスはどちらも水晶と関係が深く、シャーマニズムでは「植物界の水晶」といわれています。このふたつのハーブのどちらか、あるいは両方を煎じてお茶を作ります。

★ ハーブ茶を使った浄化法

まず沸騰直前の湯にハーブをティースプーン2杯分入れます。そのまま冷めるまで置き、そこに手に入れたばかりの水晶あるいは負のエネルギーがチャージされた水晶（病気治療に使った石など）を入れます。そのまま少なくとも1日置いたあと取り出し、石を拭いて陰の手で持ってください。清らかだと感じたら、もう浄化された石として魔法に使えます。そうでなければ納得できるまでお茶に浸しておきましょう。

潜在意識を活性化させるものといえば、あなたは何を連想しますか？ 透明あるいは白い水晶ではないでしょうか。現在販売されている水晶玉の大半はプラスチックかガラス製ですが、信じられないほど高額な対価を払えば本物の水晶玉も手に入ります。経済的に余裕のある人たちにとってはもちろんそれだけの価値がありますが、純粋に魔法の道具としてならば原石のままでもいいですし、内包物があってもかまいません。

実際、水晶占いを行う人たちの多くは、水晶に含まれる内包物やかすみ、小さなプリズムなどを焦点として意識の内側へと入っていきます。また原石の結晶の先端部分を見るだけでも、潜在意識は覚醒するのです。

ルネッサンス時代には、占いに使う玉は透明な水晶ではなくベリル製でした。水晶は別の魔法に使われていたのです。それは半分を純金で覆うな

どして象牙や黒檀(コクタン)の台座に取り付け、潜在意識を目覚めさせる瞑想の魔法でした。

19世紀のヨーロッパでは、占いを行う者は水晶玉と強いつながりを築いて術の効果をあげようと、枕の下に置いて眠りました。

水晶玉のパワーを高めるには、満月の光に当てます。占いの前にマグワートやチコリのお茶を飲んだり、マグワートを摘んできて水晶をこすったりすることもあります。

シルバーチェーンに尖ったほうを下にして水晶の結晶を取りつけると、ペンデュラムになります。これは潜在意識からくる直感を腕に伝えるための振り子です。振れ具合を解釈して答えを引き出すのですが、そのやり方は何通りもあるので、代表的なものだけご紹介しましょう。

☆ **解釈の仕方①**
向きに関係なくまわる……イエス、または好ましい
左右に振れる………………ノー、または賛成できない

☆ **解釈の仕方②**
時計まわりにまわる………イエス、または好ましい
反時計まわりにまわる……ノー、または賛成できない
左右に振れる………………答えなし

どのように答えてくれるかを、水晶に尋ねましょう。イエスにはどう反応するのか？ ノーにはどう反応するのか？ そうすればあなたの求める答えを示してくれるはずです。

この方法は、潜在意識に訴える強力なツールなのです。

❂ **ユカタン半島に伝わる占い**
ユカタン半島には、「神の意志」や病気の霊的原因を解明するために水晶を使う特別な占い師たちがいました。

水晶玉はまずコーパル（メキシコや中米で魔法や宗教用として集められ

る樹脂）を焚いた煙にすっと通して浄化します。これに加えて、あるいは煙の浄化法の代わりにボウルに入れたラム酒に浸して、パワーを呼び起こします。それから水晶に映ったキャンドルの火を見つめて占いを始め、悪い出来事や問題の原因を解明します。

　先端の尖った水晶を身につけていると、潜在意識が活性化してきます。枕の下に入れておくと、水晶からのサイキックな波動が夢をもたらします。夢はいわば潜在意識が語る言葉でありメッセージなのです。また水晶は心地よい眠りを与えてくれます。
　水晶のタンブルストーン（小さく砕き磨いた天然石）にルーン文字を刻んだり描いたりして占い用に使います。またタロットカードなど占い用の道具を保管するとき、水晶を一緒に忍ばせておくこともよくあります。

✪ 古代ブリテンの古い魔法

　古代ブリテンにおいて水晶はスターストーンと呼ばれ、人々の間で広く魔法に使われていました。当時から伝わる古い魔法をひとつお教えしましょう。
　川に入って石英の小石を9つ拾います。同じ川から汲み上げた1リットルほどの水に入れて煮立たせ、湯が冷めるまで放置してください。この水を9日間毎朝少しずつ飲むと、病気がよくなります。

✪ 健康改善の魔法

　ほかにも同じような魔法があります。湧き水をコップに汲んで、中に水晶をひとつ入れます。コップを丸1日太陽光に当てたあとその水を飲むと、わずかですが健康状態が改善するといわれています。

　身につけると頭痛が和らぎ、歯茎に当てると虫歯の痛みが緩和されます。また熱があるとき手に持つと、解熱の効果があります。
　イギリス諸島の各地で、シルバーにはめ込んだ直径3センチほどの水晶玉が病気を防ぐアミュレットとして使われていました。シャーマンによる

治療でも家庭での手当てでも、患部を水晶でさすって病気を追い出します。治療に使った水晶を使う場合は、再度浄化をしてください。

痛む箇所に水晶を置くと、乱れている体内バランスが整い、病を引き起こしているエネルギーの停滞を改善します。

ハーブ薬を飲むには、高価ではありますが、水晶で作ったコップが最適だと考えられていました。また煎じ薬の効力を上げるために、水晶の小さな結晶やタンブルストーンを入れてもかまいません。

世界各地で水晶は母乳の石とされ、よく出るようにと願いを込めて母親が身につけたり、消化能力が高まるように赤ん坊の上に置いたりしました。

守護のパワーを持つ石として、出かけるときは持ち歩き、家には飾っておきます。14世紀には、弓矢を持つ鎧姿の男を彫って護符としました。

魔法を行う際にパワー増幅のために身につけます。祭壇にも置きますが、水晶製の杖あるいは水晶をはめ込んだ杖を使うこともよくあります。

✪ 水晶を魔法円で使うとき

水晶を13個（太陰暦のそれぞれの月を象徴）あるいは21個（13回の満月とウイッカの８度の儀式を象徴）並べて魔法円を作り、その中で行うウイッカや魔法の儀式があります。宗教的な儀式、瞑想、魔法全般では水晶の尖ったほうを内側に、防御あるいは守護の魔法では外側に向けて置きます。水晶の代わりに石英質の小石やタンブルストーンでも代用できます。

✪ クリスタルガーデン

水晶が数個あれば、簡単に「クリスタルガーデン」を作れます。まず大きな木製や陶製の容器に白い砂を敷き詰めます。次に尖ったほうを上向きにして水晶を置いていきます。並べ方は自由ですので、気持ちのおもむくままに進めてください。

砂の上に水晶で五芒星を描き５つの先端および中心に石を置くと、守護のパワーを発揮します。

４大元素のパワーを利用する自然魔法を行う人たちは石を５つ使い、そのうち４つをそれぞれの元素の方向に、残りひとつを５つ目の元素である

アーカーシャを表すものとして中心に置きます。こうすると自然魔法の効力がアップします。

瞑想を行う際の焦点として螺旋形(らせんけい)に並べることもあります。螺旋は霊的な進化と輪廻の象徴です。

クリスタルガーデンはパワーが宿る場所であり、石の魔法の祭壇であり、瞑想の道具であり、家を守る護符なのです。

塩や土や海辺の濡れた砂を使って行うイメージの魔術（拙著『Earth Power: Techniques of Natural Magic』を参照）では、ルーン文字やモノの形を水晶の先端で描きます。描きながら、水晶を通してエネルギーをその形に送り込むのです。

色がついた石英類（水晶を含む）については個別に説明してあるものもたくさんありますが（アゲート、アメジスト、カーネリアン、カルセドニー、シトリン、ジャスパー、オニキス、サードオニキスほか）、一般的に水晶として認知されているものはここに挙げておきましょう。

❖**ブルークォーツ【エネルギー：陰】**
平和と平穏の石

❖**グリーンクォーツ【エネルギー：陰】**
お金を増やし楽な生活を実現する魔法や、繁栄をもたらす魔法に使います。また身につけると、クリエイティブな感性を刺激します。

❖**ハーキマーダイヤモンド（ハーキマークォーツ）【エネルギー：陽】**
両端が尖った小ぶりの水晶です。魔法ではダイヤモンドの優れた代用品となります。

❖**ローズクォーツ【エネルギー：陰】**
愛情をかきたて、「ハートチャクラ」（第4のチャクラ）を開くために使います。愛を引き寄せたいときは、ハート形のローズクォーツを身につけましょう。また平和、幸福、親密な関係にある男女間の貞節心を促進します。

❖**ルチルクォーツ【エネルギー：陽】**
強いエネルギーを持つ石です。魔法の儀式を行う際に身につけるか石の祭壇に置けば、魔法の効力が高まります。

❖スモーキークォーツ【エネルギー：陰】
　気分を高揚させ、身につけていると現実にしっかりとつなぎ止めてくれます。うつなど負の感情の克服に力を発揮します。

❖トルマリンクォーツ【エネルギー：陽】
　ブラックトルマリンの結晶を内包した水晶で、幽体離脱を促すためによく使われます。

スギライト（スジライト）　*Sugilite*

エネルギー	陰
支配惑星	木星
支配元素	水
パワー	サイキズム　魂　ヒーリング　知恵

魔法の使い方

　スギライトは比較的新しい石です。魔法に使用されるようになったのも最近で、現在もスギライトに関する研究や実験が数多く行われています。不透明な紫がかったずっしりとした石で、価格は高めです。

　身につけて持ち歩くことで、霊性を高める効果があるようです。また多くの紫色の石と同様に、スギライトもヒーリング効果や思慮を深める効果も期待できます。また瞑想をするときには、この石をじっと見つめることでスピリチュアル世界への意識が高まるでしょう。

サ

スタラクタイト　　　　　　　　　　　　*Stalactites*

エネルギー	陰
支配元素	土

スタラグマイト　　　　　　　　　　　　*Stalagmites*

エネルギー	陽
支配元素	土

魔法の使い方

　スタラクタイト（洞窟の天井から下がっている鍾乳石）とスタラグマイト（洞窟の床から上に伸びている鍾乳石）は、石灰分を豊富に含んだ水が、上から洞窟内に流れ込むことによって形成されます。気が遠くなるほどの長い年月をかけて、大量のカルサイトを作り出します。両者が出会い、石の柱を作ることもあります。

　かつてスタラクタイトとスタラグマイトは石化した土だと考えられていました。100年前には、洞窟を訪れた人が鍾乳石を折ってお土産として持ち帰るという行為が、ごく普通に行われていました。このような非常識な自然破壊が、現在は行われていないことを祈るばかりです。

　昔の人たちはこれらの小さなかけらを小袋に入れ、負のエネルギーや邪悪なものから身を守るお守りとして持ち歩いていました。守護の効果が人々に広く認知されたのは、この石の男根のような形のためかもしれません。

　これは古代の魔法ですが、本書では歴史を紹介するために記載しました。魔法に使うために美しい洞窟を破壊する行為はもってのほかです。ほかの守護の石で代用しましょう。

スタウロライト　*Staurolite*

ほかの呼び名	フェアリークロス　フェアリーティアーズ　スタウロタイド　クロスストーン
支配元素	土　風　火　水
パワー	守護　健康　金運　自然の力

魔法／儀式にまつわる伝承

　スタウロライト（「十字」を意味するギリシア語のスタウロスに由来）にはさまざまな伝説がありますが、そのほとんどは極めて新しいもので、キリスト教に関連があります。

　スタウロライトは美しい十字やXを形づくる双晶です。少なくとも3人のアメリカ大統領（ルーズベルト、ウィルソン、ハーディング）が、幸運のお守りとしてスタウロライトを持ち歩いていました。

　バージニア州のブルーリッジ山脈からしか産出されないと記載されることがよくありますが、実際にはノースカロライナやニューメキシコ、フランス、スコットランドからも産出されますし、おそらくほかにも多くの産地があると思われます。

　ブルターニュではスタウロライトは空から降ってくるとされ、人々はお守りとして重用していました。

　ヨーロッパでは十字といえばキリスト教と結びつけられますが、キリスト教が誕生する数世紀前に、十字は他の宗教や魔法に用いられていました。

　4つの腕の長さが等しい十字は、肉体と精神の相互浸透、人間の体と魂に存在する陽と陰のエネルギー関係、そして男女間の交わりをも象徴しています。

　魔法においては、スタウロライトは4つの元素の象徴です。

魔法の使い方

　スタウロライトの標本の外見はさまざまです。双晶が適切な角度で交わ

ると、同じ長さの腕を持つ完璧な十字の形を呈します。魔法で好んで用いられるのはこのような石です。けれども、多くはさまざまな角度で交わっています。

スタウロライトは負のエネルギー、病気、事故から身を守るお守りとして身につけます。この場合パワーを込めたあとで、しばらく車の中に置いておくとよいでしょう。また身につけると富を引き寄せたり、性欲を高めたりする効果もあります。

自然の力をコントロールしたいときは、エレクトラム（合金：後述）の指輪かペンダントにスタウロライトがついたものを身につけましょう。

✪ 自然の力と融合する方法

十字の腕の１本が上を向くようにして、スタウロライトを祭壇に寝かせます。次に小さな緑のキャンドルに、富、安定、基礎、肥沃など土にまつわるエネルギーをチャージします。黄のキャンドルには、対話、動き、発想、自由、知恵、精神など風にまつわるエネルギーをチャージし、赤のキャンドルには火にまつわる意志、活気、性、力を、青のキャンドルには水にまつわる愛、喜び、サイキズム、浄化、流動性、ヒーリングのエネルギーをチャージしていきます。

４本のキャンドルを、それぞれ小さなキャンドルホルダーに入れます。緑のキャンドルをスタウロライトの頂点近くに、黄のキャンドルを東側に、赤を南側に、青を西側に置きます。

可能なら、それぞれのキャンドルを各元素に関連する石で囲うとよいでしょう（支配元素と石についてはパート４を参照）。

まず緑のキャンドルに火を灯し、そのパワーを視覚化します。ほかのキャンドルでも順番に視覚化をしていきます。風、火、水の順です。あなたがこれらの元素をコントロールしているところを思い描いてください。心の中で自然力のバランスをとることを誓い、４つの元素と自分自身を融合させていきます。

これを１週間、毎日１回行いましょう。

スピネル　*Spinel*

エネルギー	陽
支配惑星	冥王星
支配元素	火
パワー	エネルギー　金運

魔法の使い方

　スピネルには、黒、青、緑、ピンクのものがあり、かなり珍しい石です。

　魔法では、体にエネルギーを与えるために使用され、同じ目的で身につけたりもします。仕事や過度な運動などで疲労困憊しているときに、肉体の力を底上げしてくれます。

　また富や力を引き寄せる魔法にも使うことができます。

スフェーン　*Sphene*

ほかの呼び名	チタナイト
エネルギー	陽
支配惑星	水星
支配元素	風
パワー	精神力　霊性

魔法の使い方

　この黄緑色の石は、透明の結晶で見つかることはきわめてまれです。柔らかいためにアクセサリーにすることもほとんどありません。スフェーンはギリシア語で「くさび」を意味します（スフェーンの結晶がくさび形なのです）。

もし石が見つかったときには、頭脳と情報処理能力を向上させるために用います。勉強するときや理論を構築するとき、ディベートの際に最も効果を発揮します。瞑想や神秘的儀式を行う際に身につけると、霊性の覚醒を促す効果もあります。

セレスタイト　*Celestite*

エネルギー	陰
支配惑星	金星　海王星
支配元素	水
パワー	思いやり　雄弁　ヒーリング

魔法の使い方

　セレスタイトは雄弁をもたらし、母なる地球およびこの惑星を分かち合うほかの生物たちへの尊敬の気持ちを促進します。

　頭痛などの肉体的ストレスを除去するので、体の緊張をほぐす効果もあります。

セレナイト　*Selenite*

エネルギー	陰
支配惑星	月
支配元素	水
パワー	和解　エネルギー

魔法の使い方

セレナイトは透明の層になった鉱物で、見た目はカルサイトに似ています。古代の月の女神セレネにあやかって名づけられており、恋人同士が仲直りするときにこの石を交換します。

また体にエネルギーを与えてほしいときにも身につけると、活力が湧いてくるでしょう。

ソーダライト *Sodalite*

エネルギー	陰
支配惑星	金星
支配元素	水
パワー	ヒーリング　平和　瞑想　知恵

魔法の使い方

ソーダライトは白い筋が入った深い青色の石です。ラピスラズリとよく間違えられますが、ラピスラズリによく見られる金色のアイアンパイライトが含まれていません。

心に関係する病気やストレス性疾患、不安や怒り、恐怖などを追い払い、心を癒す効果があります。恐怖や罪悪感から解放されたいときはソーダライトを身につけるか、またはこの石で体をこすります。そして心を落ち着かせたいとき体をリラックスさせたいときは、直接手に持つとよいでしょう。

瞑想に適した石で、集中して行えば知恵や聡明さを得られます。

ソルト（塩）　　　　　　　　　　　　　　　　　　*Salt*

エネルギー	陰
支配元素	土
神	アフロディーテ
関係の深いハーブ	キーまたはティ（千年木）
パワー	浄化　守護　グラウンディング　金運

魔法／儀式にまつわる伝承

　ソルトは古来より神聖な物質でした。地中から採掘するほか、浅い桶に張った海水を蒸発させて生成することもできます。生と死、創造と破壊、そして土のエネルギーの女性的側面と密接な関係があります。

　ソルトは結晶化した鉱物ですので、本書でもご紹介しておきましょう。ソルトを顕微鏡で観察してみてください。規則的な六面体で構成されています。この角のある構造がソルトを土に結びつけているのです。

　ソルトはあらゆる時代の宗教儀式で用いられてきました。貴重かつ純粋であるため、供物として神々に捧げられることも多くありました。古代ローマやアビシニアなどの地域では、貨幣として用いられていました。

　ソルトは生命に不可欠でありながら、過剰な摂取は死につながります。同様に、畑にソルトをまくと作物を枯れさせてしまいます。ソルトは不毛を招き、浄化、洗浄を行うものです。

　土の元素に関連があるソルトは（ふたつの元素の混合物である海水とも関連があります）、強力な魔力を有する道具です。塩水は古代の魔法で必要になる血液の代用となるのです。

　　　　注：ソルトからは外れますが、アップルサイダーや産み落とされたばかりの有精卵などはすべて魔法儀式で使われる血液の代用となります。魔法のために血管を傷つけることは危険な慣習です。どんな形であれ生命を犠牲にすることは、言語道断の行為と言わざるを得ません。もしあなたが誰

かほかの人から、その人の魔法儀式のために血を提供してほしいと言われたら、どう感じますか？ 唯一の例外は経血です。過去も現代でも女性の魔法や秘法で活用されています。

現代のハワイでは、いまだに多くの人がアラエソルト（鉄分が豊富な赤土がついた岩塩）と水を混ぜたもので、古くからのまじないを行っています。人や建物、建築敷地などにキー（ティ）リーフを置き、これを振りかけることで浄化を行うのです。

今日でも魔法とともに暮らしているメキシコ人は、ガーリックやアロエベラでできた巨大なリースにソルトを入れた小さな袋を下げ、自宅や職場にかけています。これが魔よけになり、お金を引き寄せることができると考えられているのです。

魔法の使い方

ソルトはグラウンディングや浄化に最適な物質です。宝石を浄化するには、ソルトを入れた容器の中に宝石を置き、1週間ほど寝かせます（第7章参照）。

お風呂にソルトを入れると、固体（ソルト）が液体に溶け込むという魔法のような変化が生まれます。この混合液に浸かることで、あなた自身にも似たような変化が生じます。疑念、心配事、病気など、あなたを悩ませるあらゆる負のエネルギーが体から水に流れ出て、溶けて消えていく様子を思い浮かべてください。

シャワーが好みならボディタオルに少量の岩塩と、ひと握りの半量くらいのヒソップ（ヒソップオフィシナリス：浄化のハーブ）を混ぜて、それで体をこすってください。

家を守るには、パワーを注入したソルトを各部屋の4隅にまき、ソルトが負のエネルギーを燃やし根絶させる様子をイメージします。

自分のまわりに円形になるよう床にソルトをまきます。ソルトのエネルギーが下は土の中まで、上は上空まで広がり、美しい白い光で守護の玉を形づくるところを頭に浮かべます。この円の中は守護の魔法を行う環境と

して最適です。

　ソルトを味わうことで、しっかりと地に足をつけることができます。ソルトには潜在意識を閉じる働きがあるので、潜在意識を目覚めさせたいときには、食事にソルトを入れないようにしましょう。また守護や浄化の効果もあります。

　もし何か一点集中が必要な状況にあるときは、緑色の袋に少量のソルトを入れて持ち歩いてください。特に現実に目を向けず（現実逃避）、自分の内に閉じこもってしまっているような人にはとても有効です。

　岩塩は金運のタリスマンに加えたり、お金を引き寄せる魔法に使ったりすることもできます。

✪　裕福になれるソルトの魔法

　お金を引き寄せる石を5個用意します。祭壇または大きな皿にペンタグラムの形を描くように、そっとソルトをまいていきます。緑のキャンドルにお金を引き寄せる波動を注入したあと、小さなキャンドルホルダーにのせ、ペンタグラムの中心に置きます。

　キャンドルに火を灯します。次に石にパワーを注入し、ペンタグラムの頂点にひとつずつのせていきます。石は次のようなものを使用するとよいでしょう。

タイガーズアイ	ロードストーン
ペリドット／オリビン	オパール
ジェイド	パイライト

　また本書のパート4で紹介している金運の魔法に使える石ならどれでも効果があります。5個すべてが同じ石でもかまいませんし、組み合わせてもよいでしょう。ペンタグラムのいちばん上の頂点から石を置きますが、ひとつ置くごとに次のような文言を唱えてください。

　「お金を引き寄せるためにこの石を置きます」

キャンドルの前に座り視覚化をしながら、キャンドルを13分間燃やします。1週間、これを毎日繰り返しましょう。その後ソルトを緑の袋に入れ、石と溶けたキャンドルの蝋（ろう）を入れて、お金を引き寄せるために持ち歩きます。完全に効果が表れたと思ったら、ソルトを流水に放ち（ほかの手段がなければ水道の水でもかまいません）、蝋を埋め、石を洗います。

これで完了です。

タイガーズアイ　　Tiger's-eye

エネルギー	陽
支配惑星	太陽
支配元素	火
関係の深いメタル	ゴールド
パワー	金運　守護　勇気　エネルギー　幸運　予見

魔法／儀式にまつわる伝承

ローマ兵は戦うときにシンボルを彫刻したタイガーズアイを、お守りとして身につけていました。

魔法の使い方

タイガーズアイは、富やお金を呼び込む最適の石です。簡単な魔法としては、まずタイガーズアイを数個用意し、お金が欲しいと念じながらパワーを注入します。この石で緑のキャンドルを囲みます。キャンドルに火を灯し、お金が引き寄せられてくる様子をイメージします。

またあらゆる危険を防ぐお守りとして持ち歩いてもよいでしょう。ゴールドの台座にカボションカットのタイガーズアイがついた指輪やペンダントには、守護の効果があります。

太陽に支配され金色の輝きを放つタイガーズアイは、信念を強くして勇気と自信をもたらしてくれます。

　温かみのある石で、身につけることで体内エネルギーの循環をよくします。弱点や病気を克服する効果もあります。

　天気の良い日に戸外で腰をおろし、両手にタイガーズアイを持ち、光のきらめきをじっと見つめましょう。意識を落ち着かせ集中します。やがてきらめきの向こうに見えてくる未来の象徴を感じとりましょう。また前世も垣間見えるかもしれません。

ターコイズ　*Turquoise*

ほかの呼び名	フェイラス（アラビア語で「幸運の石」） ターキーストーン　ターキッシュストーン シーテス（古代ギリシア語）　ビーナスストーン 馬術家のタリスマン
エネルギー	陰
支配惑星	金星　海王星
支配元素	土
神	ハトホル　ブッダ　グレートスピリット（アメリカ先住民族の信じる創造主）
関係の深いメタル	ゴールド
パワー	守護　勇気　金運　恋愛　友情　ヒーリング　幸運

魔法／儀式にまつわる伝承

　ターコイズは、多くのアメリカ先住民族にとって神聖な石です。ナバホ族の人々は、粉にしたターコイズとコーラルで砂絵を描き、干上がった土地に雨を呼んだといいます。アメリカ合衆国南西部やメキシコの先住民も、死者を守るために墓にターコイズを埋葬していました。

　プエブロ族は、家すなわちキヴァを建てるときに、神への捧げ物としてターコイズを床の下に置きました。またアパッチ族のシャーマンの薬袋で

あるパワーバッグには、ターコイズは必須のアイテムでした。なかには命中率が上がるように、ターコイズを弓矢につけていた部族もあります。

　ターコイズにはここで紹介した以外にもさまざまな使用方法があり、その美しい色と強力な魔力ゆえに古くから尊ばれてきたのです。

魔法の使い方

　ターコイズは守護の石です。ナバホ族の人々は、ターコイズに馬と羊を彫りつけ負の魔法から身を守る強力なお守りにしていました。

　ターコイズの指輪は邪眼、病気、ヘビ、毒、暴力、事故などのあらゆる危険から身を守ってくれます。またターコイズを身につけることで勇気が湧いてきます。

　乗馬をする人は、落馬を防ぐためにターコイズを身につけます。この場合、石をゴールドの台座にはめ込むとよいでしょう。おもがい（くつわを固定する緒）やくつわ、手綱、サドルなどに小さい石をつけると馬を守ってくれます。

　また政情が不安定な地域や、危険な場所に旅行する者にとっても貴重なアミュレットになります。

✪　富を得るための魔法

　ターコイズを使った富を得るための古い魔法をご紹介しましょう。この魔法は新月から数日後、初めて三日月が見えた日に行います。魔法を始めるまでは、月を見ないようにします。

　ターコイズを手に持ち、あなたの人生に富が訪れるシーンをイメージします。外に出て、月を見上げてください。そのまますぐに視線をターコイズに移します。これで魔法が効きはじめます。富が手に入るまで、石を持ち歩きましょう。

✪　お金を引き寄せる魔法

　またお金を引き寄せる別の魔法もご紹介しておきます。緑のキャンドルのまわりにターコイズを円形に並べるか、ターコイズのネックレスを置い

て、裕福になっている様子を心に描きます。それを誰かにプレゼントすると、受け取った人のところにも富と幸福がやってきます。

　また恋愛の魔法にも用います。ターコイズを身につけるだけでなく、愛する人にプレゼントしましょう。結婚生活においては、精神的にも肉体的にも夫婦の絆を深めます。石を受け取った人の愛情が薄れると、石の色も同様に薄くなるという説もありました。

　新しい友人を作りたいとき、楽しく平穏な日々を送りたいとき、美しくなりたいときにはターコイズのアクセサリーをつけましょう。

　ターコイズはヒーリングストーンでもあり、目を強くし、解熱、偏頭痛の予防、健康増進に役立ちます。具合が悪い部分に押し当てると、病気が石に吸い込まれるといわれています。また病気の回復スピードを速めたいときには、青のキャンドルをターコイズで囲んでおきましょう。ターコイズを浸した水は、ヒーリング効果があるとして飲まれています。

　ほかのあらゆる青い石と同様、ターコイズも幸運の石とされていますので、幸運を呼び込むためにバッグに忍ばせて持ち歩くとよいでしょう。

ダイヤモンド　　　　　　　　　　　　*Diamond*

エネルギー	陽
支配惑星	太陽
支配元素	火
関係の深いメタル	プラチナ　シルバー　スチール
パワー	霊性　性機能障害の改善　守護　勇気　平和　和解　ヒーリング　強さ

魔法／儀式にまつわる伝承

　伝説では、ヨーロッパ人が初めてアフリカで発見したダイヤモンドは、シャーマンが持っていた革袋に入っていたものでした。これだけしか伝

わっていませんが、事実だとすると、アフリカのシャーマンはほかの地域のシャーマンたちが水晶を使っていたように、ダイヤモンドを使っていたのかもしれません。

　古くから人々はダイヤモンドを原石のままではなく研磨して身につけ、その美しさを珍重してきました。でもこの石が現在のようにきらめく輝きを放つようになったのは、それほど昔のことではないのです。正しい位置に少し圧力を加えればカット面（ファセット）を作れると発見されたときから、この石はほかに類を見ない輝きで人々を魅了するようになりました。

　今ではダイヤモンドの相場を人為的に高く保つために、細心の注意を払って供給量の調整が行われています。供給過剰になれば価値が暴落するからです。

　このような人間の貪欲な商業的思惑によって、この石の価値が損なわれることはありませんが、庶民にとっては魔法に使いたいと思っても気軽に手に入れられる値段ではありません。その代用となる石を後述のパート4に挙げておきました。そちらでも、充分満足のいく結果が得られるはずです。

魔法の使い方

　ダイヤモンドの魔法的用途は多岐にわたります。身につけると霊性が高まり、シャーマンが儀式のときに入るような恍惚とした意識レベルに導かれます。そのため瞑想や霊的な目的によく使われます。

　この石を持っていると、異性との関係において自信を持てるようになります。また性機能障害の根本的原因を軽減あるいは完全に除去する強力なパワーを持っています。この目的で身につけると、何世代にもわたって女性たちを不感症に陥れてきた文化的障害（男性優位主義の弊害と言う人もいます）が除去されます。ダイヤモンドは人を性的に浄化、純化、解放する石なのです。

　インドの女性たちは男の子が生まれるように、かすかに黒味がかった傷のない完璧なホワイトダイヤモンドを身につけます（もちろん裕福な女性だけでしょう）。また不妊を回避する効果もあります。

　ダイヤモンドは愛の石ではありませんが、恋人たちの愛情を深め互いに

対する貞節心を育むとともに、争いごとが起きたら和解に導くパワーがあります。言うまでもなく現代では、結婚指輪に使う石として人気のトップに君臨していますが、これは戦略的宣伝によるもので、おそらくほかにもっとふさわしい石があるでしょう。この結婚指輪としてのダイヤモンドの歴史は古くはないのです。

　たぐいまれな硬度と太陽との関係の深さから、ダイヤモンドは肉体的な強さを増強するために使われます。古代ローマ人は勇敢さ、大胆不敵さ、勝利を得るために、この石を肌に触れるように埋め込んだスチールの指輪をつけていました。ダイヤモンドは現在でも勇気を生む石とされています。

　古代インドの人々は戦や争いでの勝利を願って、プラチナやシルバーにダイヤモンドをはめ込んだ指輪をつけていました。腕輪にすることもあり、その場合は左腕につけたようです。

　ひときわ輝きを放つ性質から、ダイヤモンドははるか昔から守護の石とされてきました。このパワーを最大限に引き出し、持ち主に幸運をもたらすようにするには、六角形の面を作るようにカットしたものが最適です。

　これまでの記述とは矛盾しているように思われるかもしれませんが、ダイヤモンドは安らぎの石です。悪夢を跳ねのけ、安眠をもたらします。

　柔らかなキャンドルの光の中で、ダイヤモンドのカット面を見つめながら石占いをしてみてください。目もくらむような輝きに自分を同化させ、その内側に広がる光と色の世界に入ってみましょう。

ダンビュライト　　　　　　　　　　*Danburite*

| エネルギー | 陰 |
| パワー | 力　精神力　霊性 |

魔法の使い方

　ダンビュライトは困難に直面したときに力を与えてくれます。精神を活

性化し、魂の成長を促します。

トパーズ　*Topaz*

エネルギー	陽
支配惑星	太陽
支配元素	火
神	ラー
関係の深いメタル	ゴールド
関係の深いパワーストーン	タイガーズアイ
パワー	守護　ヒーリング　減量　金運　恋愛

魔法／儀式にまつわる伝承

現在ペリドットまたはオリビンとして知られる石は、はるか昔はトパーズと呼ばれていました。かつては、身につけた者を他人から見えないようにする目的で使用されていました。

魔法の使い方

トパーズもまた、守護のために用いられた宝石です。特に妬みや陰謀、病気、ケガ、突然死、妖術や負の魔術、狂気から身を守るとされています。身につけることで憂鬱、怒り、恐怖、強欲、狂乱などあらゆる負の感情を静めてくれますが、ゴールドにはめ込んで左腕につけると、より効果が高まるといわれています。

自宅に置いておけば、火事や事故を防ぐお守りになります。枕の下に置くか身につけて眠ることで悪夢よけになり、夢遊病を治すことができます。

リウマチや関節炎の痛みを軽減し、消化器系の働きを整える目的にも用いられます。減量にも効果があるのは、きっとこの理由からでしょう。

✪ 引き寄せの魔法

「ゴールドの恋人」として知られるトパーズは、富とお金を引き寄せる魔法によく使われます。まずトパーズと同量のタイガーズアイを一緒にしてパワーを込めます。それを緑のキャンドルのまわりに並べ、キャンドルを灯して、お金が入ってくる様子をイメージしましょう。

またトパーズには愛を引き寄せるパワーもあります。

トルマリン　*Tourmaline*

エネルギー	多種多様（後述）
支配惑星	多種多様（後述）
支配元素	多種多様（後述）
パワー	恋愛　友情　金運　ビジネス　健康　平和　勇気　エネルギー　幽体離脱

魔法の使い方

トルマリンは古代の魔術師たちは知らなかった最近の石です。現在も魔法で使われることは少ないのですが、それでも性質を知った人たちの間では人気が高まりつつある石です。

いろいろな意味で、ほかにはない特殊な石といえます。その結晶は側面から見ると透明で、上や下から見ると不透明です。熱を加えたり、こすって摩擦を与えたりすることで極性化します。つまり一方の先はプラス極になり灰や軽い藁などを引き寄せ、もう一方はマイナス極になるのです。

トルマリンにはさまざまな色があり、それぞれ魔法的特性が異なります。石によっては2色や3色を含んでいるものもあります。

❖ **ピンクトルマリン【エネルギー：陰　支配惑星：金星　支配元素：水】**

ピンクトルマリンは愛と友情を引き寄せます。身につけることで他者への共感を促します。

❖レッドトルマリン（ルベライト）
　【エネルギー：陽　支配惑星：火星　支配元素：火】
　ルベライトとも呼ばれるレッドトルマリンは、身につけると体にエネルギーを与えてくれるので、勇気が湧き出て意志を強くしてくれます。また守護の魔法にも用います。

❖グリーントルマリン【エネルギー：陰　支配惑星：金星　支配元素：土】
　お金やビジネスでの成功を引き寄せてくれる石です。貯金箱や小銭入れに入れておくとよいでしょう。また身につけることでクリエイティブな才能を刺激してくれます。

❖ブルートルマリン（インディコライト）
　【エネルギー：陰　支配惑星：金星　支配元素：水】
　ストレスを緩和したいときや、静かにゆっくりと眠りたいときに身につけるとよいでしょう。

❖ブラックトルマリン（ショール）
　【エネルギー：陰　支配惑星：土星　支配元素：土】
　アクセサリーにするには脆すぎるため、市場でブラックトルマリンを入手できることはめったにありません。グラウンディングの目的で使用され、土の元素に関する魔法においては土を象徴します。負のエネルギーを吸収するようにパワーをチャージすれば、防御の効果も発揮します。

❖ウォーターメロントルマリン
　【エネルギー：陽と陰　支配惑星：火星と金星　支配元素：火と水】
　ウォーターメロントルマリンとは、グリーントルマリンの中にレッドトルマリンまたはピンクトルマリンが混入しているものです。砕けたりスライスされたものは、果物のウォーターメロン（スイカ）にとてもよく似た外見になります。この石は、体内の陽性と陰性（男性性と女性性）のバランスをとる目的で使われます。愛を引き寄せる効果もあり、精神状態が落ち着いている人が身につけることで最も高い効果を発揮します。

❖トルマリンインクォーツ【エネルギー：陰　支配惑星：冥王星】
　幽体離脱をしたいとき、身につけるか枕の下に置いておきましょう。トルマリンインクォーツの丸玉がある場合は、石を見つめて心を落ち着かせ

たあと、結晶の中に自身のアストラル体（幽体）を投影します。

パール　　　　　　　　　　　　　　　　　　　　*Pearl*

ほかの呼び名	モーガン（古代ペルシア語） ネアヴヌイド（ゲール語）
エネルギー	陰
支配惑星	月
支配元素	水　アーカーシャ
神	イシス　アフロディーテ　フレイヤ　ディアーナ　ビーナス　ラクシュミー　ネプチューン　ポセイドン　すべての海の神（女神と結びつけられる傾向が強い）　空に関わる女神
関係の深いメタル	シルバー
関係の深いパワーストーン	ルビー
パワー	恋愛　金運　守護　幸運

魔法／儀式にまつわる伝承

　パールはアンバー、ジェット、化石、マザーオブパール、その他の魔法で使用される物質と同じく生命の産物です。パールを採集するためには貝を殺さなければならないので、パール産業に携わる者とパールを身につける者には、深い罪が生じると考える人もいます。

　それをふまえたうえでパールを購入するとしても、それを魔法に使うかどうかはあなた自身が決めることです。世界中からパールの魔法に関する伝承を集めた立場から言えば、パールを使うことは到底お勧めできません。

　パールが不幸を連れてくるという言い伝えは、パールを採集する際の暴力と関係があるかもしれません。自分がパールを身につけられるタイプかどうかは直感的に分かると思います。私自身はパールを身につけることができませんし、それはお金がないという理由からだけではありません。

貝の中から不意に現れるパールの美しい姿は、古くから宗教あるいは魔法的伝承に大きな影響を与えてきました。もっとも世界には、パールを貝の身を食べてしまう悪者と考えていた地域もあります。

　神秘主義においては、パールは月や水、万物の中心、そして宇宙を象徴しています。

　かつては想像を絶するほど高価でしたが、今ではすべてのパールが日本人によって養殖されているため、比較的安価で手に入るようになりました。100年以上昔のものでないかぎり、天然パールを手に入れることはできません。残念なことに、生きた貝の中に丸い貝殻のかけらを仕込むことでできる養殖パールは、その大部分がパールではなく貝殻であり、魔力も天然のものに劣ります。ですが、今でも魔法に用いられてはいます。

　日本やアメリカで作られている淡水パールも、基本的には海のパールと同じ性質を持っています。

　神話では、イシス崇拝がエジプトからローマに伝来して以来、ローマ人がパールをイシスに捧げたといわれています。ローマ人はイシスに取り入るためにパールを身につけました。

　初期サクソン人の宗教では、パールはフレイヤの涙が固まったものだと考えられていました。また古代シリアの女神にも、レディ・オブ・パールと名づけられた女神がいます。地中海の国々では、パールはさまざまな女神的な特徴と関連づけられていました。女神は神の女性的な側面、すなわち女らしさ、創造、養育などをあわせ持っています。

　パールはかつて、貝が飲み込んだ雨粒だと信じられていました。古代中国では龍が雲の中で戦ったとき（嵐のとき）に空からパールが落ちてくると考えられており、こちらも雨粒との共通点が見てとれます。中国の思想では、龍とパールは深い関わりがあるのです。

魔法の使い方

　パールは月と密接な関係があります。月は夜を支配するので、夜の魔法にしかパールをつけないという人もいるくらいです。パールは女性が身につけることが多いのですが、これは月のエネルギーと関連があるためです。

パールは古くから恋愛の魔法に使われてきました。持ち歩いたり身につけたりすることで、愛の波動をふりまきます。インドの女性は幸せな結婚を願ってパールを身につけました。

✪ お金を手に入れる魔法

お金を手に入れるためのシンプルな魔法では、安いパールを購入する必要があります。できるだけ安価なものを探してください。パールにパワーを込め、貝の犠牲に感謝したあと手にしっかりと握り、お金があなたの人生に流れ込んでくるところをイメージします。お金を賢く活用する様子を想像してください。お金はエネルギーです。エネルギーを浪費しても、ほとんど実りはありません。

視覚化を続けながら、パールを川や海など水の動きがあるところに投げ込みます。パールが水の元素とつながると、あなたの望みが形となって現れてきます。

古くから伝わるこの儀式は、かつては少しだけ違った方法で行われていました。思いやりの魔法として、パールをごみの山に捨てていたのです。パールを捨てられる人は当然お金持ちです。この行為が望みをかなえる魔法となるのです。

南太平洋ではスイマーやダイバーが、サメに襲われないようにパールをお守りとしています。また火災から家を守るお守りとしても強力です。

一般的に運や幸運を引き寄せる魔法には、ルビーのまわりにパールがついたものを身につけるとよいでしょう。

パールはさまざまな時代や国において、長寿、安産、悪魔よけ、健康促進などの効果があるとされ、勇気や肉体的な強さを引き出すと信じられてきました。

パールにはさまざまな色があります。もちろん色によって使い方は異なります。ブラックパールや、青みがかったものは持ち主に幸福をもたらすとされています（貝のことを考えるとそうとも言えませんが）。ピンクのパールは楽しく快適な生活を与えてくれます。イエローパールはヒンズー

教では富をもたらすとされ、レッドパールは知恵を授けてくれます。

パイプストーン　*Pipestone*

ほかの呼び名	インヤン・シャ（スー語でインヤンは「石」、シャは「赤」の意）
エネルギー	陽
支配惑星	火星　太陽
支配元素	火
関係の深いハーブ	キニキニック（レッドウィローバーク）

魔法／儀式にまつわる伝承

　スー族やオマハ族は数世紀にわたりパイプストーンを儀式や魔法で使用してきました。丸みのある赤褐色で、天然の状態で穴があいている奇妙な石です。赤は血であり生命の色であることから、パイプストーンは神聖なものとされています。

　スー族にとってパイプストーンは北方と関連のある石でした。赤は北を表す色なのです。両者は地球とその子供の血、すなわち人間の血を象徴しています。

✪　**スー族の伝説**

　広野を大洪水が襲いました。逃げて丘に登った少数の人さえも、洪水にのみ込まれてしまいます。人間の渦の中で丘が崩れ落ち、人を押しつぶし、血の海ができました。

　パイプストーンはその血の海が固まって現代に残されたものとされており、世界でただ1カ所、ミネソタでしか産出されません。この石はスー族を象徴するだけでなく、スー族そのものなのです。パイプストーンは今も昔も神聖なパイプを作る材料に使われており、儀式のときには、このパイ

プでキニキニック（レッドウィローバーク）をふかします。

魔法の使い方

　幸運にもパイプストーンを手にすることができたなら、神聖なものとして取り扱い、スー族やオマハ族の慣習に敬意をはらいましょう。魔法の儀式では、石を薬袋かパワーバッグの中、または祭壇の上に置いてもよいでしょう。平和を願う魔法でも、祭壇に置いておきましょう。

　個人的には、パイプストーンはあまりに神聖すぎて、私には身につける勇気はありません。

バナディナイト　　　　*Vanadinite*

| パワー | 瞑想　精神力　金運 |

魔法の使い方

　バナディナイトは相手を信じる力を与えてくれます。束縛や抑制から解放され、新たな世界に向かって飛び出そうとするときに最適の石です。

パミス（軽石）　　　　*Pumice*

エネルギー	陽
支配惑星	水星
支配元素	風
パワー	安産　問題の解消　守護

魔法の使い方

　火山の産物であるパミスは奇妙な物質です。軽く触るとごつごつしていて（パミスを配合しているから汚れが落ちやすいと宣伝している石鹸もあります）、それなのに水に浮くという、ほかにはない特徴を持ち合わせています。

　かつては分娩時に手に持ち、痛みが襲ったときに握り締めて踏ん張り、新しい生命の誕生過程を容易にしたといわれています。

✪　問題解消の魔法

　パミスをひとつ手に取り、陽の手に持ちます。悪い習慣や負の感情、病気などが消えていく様子や、叶わぬ恋が成就する様子をイメージしましょう。石を手に持ったまま視覚化を通じて、問題の背後にある負のエネルギーをパミスに送り込みます。糖蜜のような黒い煙が、穴だらけの軽い石に流れていく様子を思い描きましょう。

　その後、パミスを湖、川、海などの水場に投げ込みます。

　パミスが水に触れると同時に問題を解放し、根本の原因が水に溶け出します。水面に浮かぶパミスはありとあらゆる問題を解消し、再び「浮上する」能力を高めてくれます。

　水場に行けない場合は、大きめのボウルかバケツに水を張り、儀式を行います。そして中の水を石ごと地面に流します。

　また守護の魔法を行うときには祭壇に置き、そのままお守りとして家に保管しておくのもよいでしょう。負のエネルギーを吸収してくれるはずです。

ブラッドストーン　*Bloodstone*

ほかの呼び名	ヘリオトロープ　ヘマタイト（実際には別の石）
エネルギー	陽
支配惑星	火星
支配元素	火
関係の深いハーブ	ヘリオトロープ
パワー	止血　ヒーリング　勝利　勇気　法律に関する事柄　富　強さ　力　ビジネス　不可視性　農業

魔法／儀式にまつわる伝承

　ブラッドストーンは緑のカルセドニーに赤い斑点が散っているもので、3000年前にはすでに魔法に使われていました。古代バビロンでは敵に勝つために、古代エジプトでは扉を開けたり拘束を破ったり、さらには石の壁を倒したりするときに利用していたようです。

　最もよく知られている用途は止血です。ケガを防ぐ効果もあるので、昔の兵士たちは必ず持ち歩いたそうです。万一負傷したときには、この石を傷に押し当てると出血が止まるので、人々は魔法のパワーによるものだと信じていました。が、おそらくはひんやりした石で圧迫したことが理由でしょう。今でも血液を健康に保ち、血液関連の病気回復を促すために、この石を身につけます。ブラッドストーンを鼻に当てる行為をアメリカでは「鍵をかける（ロック）」と言いますが、これは鼻出血を止めるという意味です。解熱や、一般的な健康のタリスマンとしても使われていました。

魔法の使い方

　血液との関係が深いことから、アスリートに人気があります。肉体を強化し、競争に勝つために持ち歩くのです。また長寿のお守りでもあります。

　ブラッドストーンは勇気を与え、不安や恐れを静め、怒りを取り除きます。昔から裁判で勝利するためなど法に関わる魔法に使われています。

緑色をしているため（訳者注：アメリカの紙幣は緑色）、富、金運、ビジネスに関する魔法に多く用いられます。キャッシュレジスターにこの石を入れておくとお金が集まり、ポケットやハンドバッグに入れて持ち歩くと金運が上がります。また食べ物とお金は魔法的には深い関係にあることから、中世には農夫が種まきや苗の植えつけの際に、豊作を願うタリスマンとして身につけました。

女性は妊娠時に流産を防ぐために腕に巻きつけ、分娩時には安産を願って腿に巻きつけました。

不可視化については、ヘリオトロープの生花でこすったブラッドストーンを持ち歩くと、周囲の人々の目をくらますことができるといわれていました。今でもこの儀式は人の注意をなるべく引きたくないとき、「魔法的な不可視性」を得るために行われることがあります。

13世紀には、魔術師はこの石にコウモリの姿を刻んでタリスマンとし、呪文や魔法の儀式の効力を高めるために使っていました。

フリント　　　　　　　　　　　　　　　*Flint*

ほかの呼び名	サンダーストーン　エルフショット　エルフアロー　フェアリーショット　アダーストーン
支配惑星	火星
支配元素	火
関係の深いメタル	シルバー
パワー	守護　ヒーリング　予知

魔法／儀式にまつわる伝承

不透明な石英であるフリントは、アメリカ先住民の宗教的魔術的儀式で広く使われていました。たとえばチェロキー族のシャーマンは、治療を行う前にこの石に祈りを捧げました。

フリントは最古の交易品のひとつで、各地で石刃の材料にされました。ヨーロッパ全域で古代のフリント製ナイフが出土していますが、これらは昔も今も守護の力を持つアミュレットとして使われています。サンダーストーン、エルフショットなどと呼ばれていたことから、人々が石の由来をあまり分かっていなかったことがうかがわれます。

　アイルランド人はフリント製ナイフをシルバーの鞘に入れて持ち歩き、いたずら好きの妖精から身を守っていました。スカンジナビアでは家の守り神として敬い、ビールと溶かしたバターを上から注ぎました。聖なる像にこのような捧げ物をする習慣は現代のインドにもあります。

魔法の使い方

　すでに述べたように、古代のフリント製品は現在も守護のアミュレットとして使われていて、特に扉の上に取り付けると効果が高いとされています。

　古代のフリント製ナイフ（あるいは近世に作られたレプリカ）が手に入ったら、守護の魔法を行うときに祭壇の上に置くか、手に持ちましょう。

　現代のブラジルでは、ゴールド、水、宝石など地下に眠る貴重な資源を探す道具としてフリントを使っています。

✪　現代のアメリカで行われている魔法

　頭痛を治したいときに、フリントを数回叩きます。火花が散ったら、痛みが頭から火花に移って、火花とともに消えていく様子をイメージします。

フローライト　　　　　　　　　　*Fluorite*

エネルギー	陽
パワー	精神力

魔法の使い方

フローライトはニューエイジの代表的な石のひとつです。最近では、ほとんどの店で入手できるようになっています。

フローライトにはさまざまな色があり、原石は四角い結晶がいくつも固まっていて、ときには結晶の一部が別の結晶の中に入り込んでいることもあります。ピラミッドをふたつ底部で張り合わせたような形の単結晶のものも買うことができます。

魔法に使われるようになってから、まだそれほど時間はたっていません。この石のパワーは最近になって発見されたからです。

フローライトは意識に作用する石のようです。気分に影響されることなく的確な状況判断ができるように、分析能力や情報処理能力を高めてくれます。

知性に働きかけるので、フローライトは激した感情を静め、絶望、うつ、怒りなどで乱れた心を安定させます。

ほかの石の効果を高めるために、この石を使う人たちもいます。

ペトリファイドウッド　*Petrified Wood*

エネルギー	陰
支配元素	アーカーシャ
パワー	長寿　前世の記憶　ヒーリング　守護

魔法の使い方

ペトリファイドウッドははるか昔に、古代の木がミネラルを豊富に含んだ水に浸かることで生まれた石です。水がゆっくりと木を溶かし、溶けた部分がさまざまなミネラル（鉱物）に置き換えられます。こうして「ペトリファイドウッド」と呼ばれる物質が生成されるのです。

ペトリファイドウッドは化石で、アーカーシャの支配下にあります。非

常に古いものなので（化石木は数百万年前のもの）、寿命を延ばす目的や人生の喜び、成長を促進する目的で持ち歩いたり、魔法に使用したりします。

またその古さゆえに、前世の記憶を呼び起こす魔法にも用いられます。

この「石」は硬度の高さや個性的な外見から、守護のアミュレットとして持ち歩くこともあります。かつては邪悪なものを退散させるともいわれ、現在では、邪気を跳ね返すエネルギーのバリアを作ると考えられています。

溺死を防ぐお守りにもなります。

ヘマタイト　　　　　　　　　　　　　　　　Hematite

ほかの呼び名	ボルケーノスピット
エネルギー	陽
支配惑星	土星
支配元素	火
パワー	ヒーリング　グラウンディング　予知能力

魔法／儀式にまつわる伝承

緻密で重く銀色を帯びた黒いヘマタイトは奇妙な石です。名称にも謎があります。古い時代にはヘマタイトという名称は、今のブラッドストーンを指していました。昔の書物に「ヘマタイト」に関する記述が出てくれば、それはほとんどがブラッドストーンについてのものなのです。このヘマタイトを宝石の研磨ホイールにかけると「出血」して、まるで血のような染みがつきます。少なくとも、私はそう聞かされました。

ヘマタイトは人目を引く美しい石で、イタリアなどではネックレスに加工されて「ボルケーノスピット（火山の唾）」として売られています。この石がどんな魔法に使えるのか、情報はほとんどありません。

ヘマタイトは自らを癒す興味深いパワーを持っています。石の表面に軽く引っかき傷をつけたあと、指でこすってみてください。おそらく傷は消

えているはずです。

魔法の使い方

　ヘマタイトは病気を取り除くパワーを持っているといわれています。ほかの石を使うときと同じように、両手で持って視覚化を行ってください。それから治したいと思う部分に直接触れるように石を置きます。小粒の石をつないでネックレスにしても、ヒーリング効果があります。

　ヘマタイトはつけている人に、現実に目を向けさせる効果があり、地に足をつけた安定した生活への意識を高めます。

✪　スクライング

　暗い部屋で赤いキャンドルに火を灯します。その前に座って大きめのヘマタイトを手に持ち、表面にキャンドルの炎を映してください。その炎の像を見つめながら知りたいことをイメージします。何かシンボルが見えたり心に浮かんだりしたら、それを読み解くことで答えが得られるでしょう。

ペリドット　　*Peridot*

ほかの呼び名	クリソライト　ペリドーテ　ペリドート
エネルギー	陰
支配惑星	金星
支配元素	土
関係の深いメタル	ゴールド
パワー	守護　健康　富　安眠

魔法の使い方

　オリビンの項目で述べましたが、オリビンとペリドットはほとんど同一に見えます。ある専門家によれば両者の違いは、オリビンがハワイで採れ

るということだけだそうです。が、この問題には、ここでは触れないでおきましょう。

　魔力を最大限に発揮するために、かつてはペリドットをゴールドにはめ込んでいました。とても高価ですが、上質な守護のアミュレットになり、負の魔術や邪眼からも身を守ってくれます。

　長きにわたり太陽と関連があるとされてきましたが、ここではより適切と思われる金星の分類としました。

　ペリドットは一般的な病気の治癒のために持ち歩いたり、身につけたりします。ペリドットでできたコップや器でシロップ薬を飲むと効果が高まるといわれ、治療にも用いられたとする説もあります。

　虫刺されなどを治し、肝臓病にも効くとされています。

　ペリドットは愛を引き寄せ、怒りを静めてくれます。神経を落ち着かせ、あらゆる負の感情を遠ざける効果があるのです。不安を抑えるので、身につけてベッドに入ると安眠できます。このような用法の起源は、少なくとも古代ローマまでさかのぼります。古代ローマ人は憂鬱を吹き飛ばすためにペリドットの指輪をつけていました。

　緑の色合いをしているので、富を引き寄せる魔法にも効果的でしょう。オリビンで行う魔法はすべて、ペリドットでも行うことができます。

ベリル（緑柱石） *Beryl*

エネルギー	陰
支配惑星	月
支配元素	水
神	ポセイドン（ギリシア神話の海神） ネプチューン（ローマ神話の海神） ティアマト（バビロニア神話の女神、生命の母） マーラ（釈迦の瞑想を妨いだ煩悩の権化である魔神）
関係の深いハーブ	すべての海草　海藻
パワー	サイキズム　ヒーリング　愛　エネルギー 陰口の排除

魔法／儀式にまつわる伝承

　5世紀のアイルランドでは、ベリルの玉を使って占いが行われていました。エリザベス1世に寵愛された有名なジョン・ディー博士が占いに使っていた玉が大英博物館に収蔵されていますが、誰でもが思い浮かべる透明の水晶ではなくベリル製です。また古代の人々はこの石を雨乞いの儀式に使っていました。

魔法の使い方

　アクアマリン同様、海と関係があるとされていて、海を渡る際に嵐から身を守るために使います。この石を持っていると溺れずにすむだけでなく、海とは切っても切り離せない船酔いも撃退できます。
　この石には洗脳（故意の心理操作）を防ぐ力があるので、カルト教団や、日常的にはセールスマンのしつこい勧誘や政治家の説得に抵抗できるようになります。ベリルは不屈の精神を養い、不安や恐れを和らげ、楽観主義と幸福をもたらします。
　16世紀には、論争や議論に勝つためにこの石を使いました。しかもこの石を身につけた者は礼儀正しく感じがよかったので、反感を買うことなく

理解を得ることができたそうです。

　ベリルは昔から潜在能力を高めるために使われていて、「占い師の石」と呼ばれたりもしました。ベリル玉が水晶玉より優れているとされていた時代もあったのです。占い用に平たく削って丸い鏡にも加工されました。玉や鏡は普段は白い布で包んで保管されていて、潜在意識を引き出すときにだけ布をはずしのぞき込んでいたのです。

　古い文献によると、ベリルを使った占いは満ちていく月の晩に行うと、最もうまくいくようです。月のエネルギーと強く結びついているので、満月の晩に行う儀式では、身につけたり祭壇の上に置いたりします。

　何か紛失してしまったら、ベリルを手に持ってその紛失物を思い浮かべます。心を静め潜在意識に語りかけ、紛失した場所を教えてもらうのです。

　この石も、恋人たちが絆を強くする目的で交換します。持ち歩くと愛を引き寄せる効果もあります。また記憶力をよくし、情報収集能力も高めます。

　ベリルは噂話や陰口などをやめさせるエネルギーを送り込むことができます。13世紀にはこの石にカエルの像を彫って、敵との和解や友情を得るために持ち歩きました。

　ヒーリングにおいては、肝臓の病気、リンパ腺などの腫れや肥大、眼病によく効くとされていました。

　元気がなくやる気が出ないときには、ベリルを手に持つか身につけて、穏やかな波動を体の中に取り込みましょう。

マーブル　　　　　　　　　　　　　　　*Marble*

ほかの呼び名	ニコマール
エネルギー	陰
支配惑星	月
支配元素	水
パワー	守護　成功

魔法の使い方

マーブルは炭酸石灰です。コーラル、カルサイト、ライムストーン、スタラグマイト、チョーク、シーシェル、ボーンなどはすべて石灰ですが、それぞれ使用方法が異なります。

具体的にいうと、マーブルは守護の魔法に用いられます。すべてまたは一部がマーブルでできた祭壇は、守護の魔法を行う場所として最適です。祭壇の上面だけにマーブルを使用する魔術師もいます。マーブル製のテーブルや家具は家庭を守ってくれます。かつてインドで行われていましたが、個人のお守りとして持ち歩いたり、アクセサリーにすることもできます。

マーブルは仕事や学業の成功を願う魔法にも使用されます。

マイカ（雲母） *Mica*

エネルギー	陽
支配惑星	水星
支配元素	風
パワー	本能的予知　守護

魔法の使い方

マイカとは紙のように薄く曲がりやすい結晶を持つ鉱石の総称で、一般的な石のひとつです。

一辺が2、3センチ以上ある四角いマイカを手に取り、霊能力を自在にコントロールする自分を思い描きながら、石を月の光に当てます。キラキラと輝くマイカの表面に月光を映してください。手の中にある石をそっと動かし、動かすたびに変化する輝きに意識をゆだねていきます。潜在意識が研ぎ澄まされ、心に将来の方向性を象徴する映像や言葉が浮かんでくるのを待ちましょう。

マイカは一般的な守護のお守りとして持ち歩くこともできます。

マザーオブパール　Mother-of-Pearl

エネルギー	陰
支配惑星	月　海王星
支配元素	水　アーカーシャ
関係の深いメタル	シルバー
パワー	守護　富

魔法／儀式にまつわる伝承

　マザーオブパールは、さまざまな貝殻の内側にあるつやつやした乳白色の部分です。石ではありませんが、古くから魔法に使われてきたので、ここでも紹介しておきましょう。マザーオブパールは何十世紀にもわたり儀式の装身具に使用されてきました。貝殻はポリネシアなどメタルがほとんど産出されない地域で、交換の媒体（通貨）となっていました。

　この物質は生きている生物の一部（貝の外側の骨つまり殻）なので、第5の元素であるアーカーシャと結びつけられます。川床や海へ行き、自分で採集しましょう。店頭で売っているものは殻を作った生物を殺して商品にしているため、魔法に用いるには少々危険を伴います。

　神話では、海や深淵、動きと関連づけられます。

魔法の使い方

　新生児の体の上にのせることで、この世の危険から赤ん坊を守ることができます。

✪　**裕福になる魔法**

　富やお金、裕福になる魔法に使うのもお勧めです。お金が欲しいと念じ

ながらマザーオブパールにパワーを注入し、貝殻に海水（海水にはゴールドが含まれています）またはパチョリやシダーウッドなどお金を引き寄せるオイルを塗ります。シルバーコインなど、何か銀製のものを貝殻の隣に置きます。それらを1ドル紙幣か緑色の紙でしっかりと包み、緑色の紐で結びます。

　祭壇に緑のキャンドルを2本立て、その間にこのお守りを置きます。視覚化をしながら、10〜15分ほどキャンドルに火を灯します。その後、お守りを持ち歩いてください。

マラカイト　*Malachite*

ほかの呼び名	マラク（ギリシア語で「マロウ」の意）
エネルギー	陰
支配惑星	金星
支配元素	土
関係の深いハーブ	マロウ
パワー	力　守護　恋愛　平和　ビジネスの成功

魔法／儀式にまつわる伝承

　マラカイトは差し迫った危険を予知し回避するために身につけます。ほかの多くの石と同様、この石も危険を察知すると粉々に砕けるといわれています。

魔法の使い方

　色調の異なるラインが入った美しい緑の石は、魔法の儀式により強いエネルギーを加えるために使われてきました。身につけたり、手に持ったり、祭壇に置いたりすることで魔力を高め、願いの実現に近づくことができます。古くには、石に太陽の絵を刻むことで、石の効力がさらに高まると考

えられていました。

　落ち着いた青緑色をしていますが、守護や防御の魔法、なかでも子供に関するものに用いられます。マラカイトのブレスレットやペンダントを身につけると、負のエネルギーや肉体的危険から身を守ってくれます。旅のお守りとなる石であり、特に転倒を防ぐ効果があるといわれています。

　心臓近くの肌に直接触れるようにマラカイトのネックレスをつけると、人を愛する能力が強まり、その結果として愛を引き寄せます。

✪ 愛を引き寄せる魔法

　愛を引き寄せるための魔法は、円の下に左右均等の十字がある金星マーク（♀）を彫った銅板にマラカイトをのせます。石の後ろに緑のキャンドルを置き、自分が恋愛している様子を思い描きながら、毎日15分間キャンドルを灯します。強く思い描くほど、恋の実現は近くなるでしょう。

　マラカイトの深い緑色は心を落ち着かせてくれます。この石を見つめたり陰の手に持ったりすることで、神経系が整い、激しい感情を抑えることができます。静穏をもたらし、寝るときに身につければ安眠を誘い、手に持てば心のモヤモヤを晴らしてくれます。

　会社の建物の4隅、またはキャッシュレジスターの中に小さなマラカイトを置くことで、客を呼び込むことができます。打ち合わせや展示会などで身につければ、商談の成功や販売の追い風となります。セールスマンにとって必須の石といえるかもしれません。

ムーンストーン　*Moonstone*

エネルギー	陰
支配惑星	月
支配元素	水
神	ディアーナ　セレネ　イシス　すべての月の女神
関係の深いパワーストーン	水晶
関係の深いメタル	シルバー
パワー	恋愛　本能的予知　先見　サイキズム　安眠　ガーデニング　守護　若返り　ダイエット

魔法／儀式にまつわる伝承

　ムーンストーンは青、白、ピンク、乳白色いずれかの色を持つ長石で、月と深い関わりを持っています。実際多くの人が、月の満ち欠けに合わせてこの石を使っています。上弦のほうが下弦より魔力があると言う人もいますが、後述する占いの儀式などは、月が目に見えて欠けていくときに行うと言う人もいます。

　ムーンストーンは古来より月の女神に捧げられてきました。ウイッカンの儀式で用いられる装身具は、シルバーとムーンストーンを組み合わせたものが多いようです。ルナワンド（月の杖）には、シルバーの柄の頭に大きなムーンストーンがついています。このような杖は魔法の儀式に用いられます。

魔法の使い方

　エネルギーは陰性で、愛を引き寄せる石です。ムーンストーンを身につけたり持ち歩いたりすることで、愛のある生活を手に入れることができます。満月の夜空の下で、ピンクのキャンドルのまわりにカボションカットのムーンストーンを円形に並べます。キャンドルに火を灯し、恋愛をして

いる自分をイメージしましょう。

　ムーンストーンは恋人同士の問題、特に深刻な争い事の解決にも効果を表します。石を手に持ち愛の波動で満たしたあと、争い事が起きている相手に石を渡します。最も効果的な方法は、お互いに石を交換して儀式を共有することです。

　また眠りを運んでくる月と関連する石なので、枕元に置いたり、ムーンストーンのブレスレットを腕につけてベッドに入ると熟睡できます。

　マラカイトやジェイドと同じく、ムーンストーンもガーデニングと関わりのある石です。ポケットに入れて植物を植えたり水やりをしたり、ほかにも庭が花で咲き乱れる様子をイメージしながら、土に小さなムーンストーンを埋めてもよいでしょう。木にたくさん実がついてほしいときは、大枝にムーンストーンを結びつけるのも方法です。

　ムーンストーンには穏やかな守護の効果があります。月は黄道帯を旅しているように見えることから、ムーンストーンは旅行のお守りとなります。特に船旅や海の上空を通る旅には、ムーンストーンを持っていきましょう。また船に乗る人や、クルーズ旅行に出かける友人へのプレゼントとしても最適です。贈る前に必ず守護のエネルギーをチャージしておきましょう。水中でのお守りでもあるので、水泳をするときにムーンストーンの指輪をつけると水の事故から守ってくれます。

✪　将来を判断する儀式

　近い将来を判断する古い儀式をご紹介しましょう。この儀式は、満月から早くても3日目以降に行います。両手にムーンストーンを持ち、家を売却する、転職をするなど、起こりうる将来の選択肢を頭に思い描きます。

　それからムーンストーンを舌の下に入れ、引きつづきそれらの選択肢を思い描きます。少したったら石を取り出し、考えることもイメージすることも止めます。それでも映像が残ったり、何度もその選択について考えてしまうようであれば、それは好ましい選択といえます。ほかのことが思い浮かんでくるようなら、別の選択をしたほうがよいということです。

　もし疑問が残るときは、もう一度この儀式を行ってみてください。

霊性を高める力があることから、占い者は儀式の際には必ずムーンストーンのブレスレットやペンダントをつけます。そして保管するときもタロットカードやルーンストーンと一緒に入れておきます。こうすることでほかのアイテムにも影響を与えられるからです。水晶玉のスクライング時もまわりにムーンストーンを置いておくとよいでしょう。

　ムーンストーンは見た目の若さを保ち、さらに外見よりも大事な内面の美しさも維持し促進する儀式にも使われます。

　体重を減らしたいなら、ムーンストーンを使うとよいかもしれません。ダイエットをするのではなく、食習慣を見直すのです。軽めの食事を規則的にとり、糖分と脂肪分を控え、牛肉など赤身の肉を減らし、生野菜や温野菜、新鮮なフルーツをたくさん食べ、エネルギーをチャージしたムーンストーンを身につけるのです。

✪　ムーンストーンで体重を減らす魔法

　満月から3日後、明るい光の下で、姿見の前に裸で立ってください。もうひとつ鏡を用意して自分の体をじっくりと観察します。この魔法を成功させるためには、自分自身を知り、欠点を認める必要があります。そうして初めて自分を変えられるのです。

　自分の容姿を容赦なく分析し、脂肪を落としたい部分を見つめます。新しい自分──スリムで、食生活に気を使い、生き生きした自分の姿をイメージしましょう。

　次に手に入れたい体形と食生活を頭に浮かべたまま、陽の手でムーンストーンを手に取ります。

　余分な脂肪が溶けていくさまをイメージしながら、痩せたい部分を石でさすります。それからゆっくりと石を頭へと移動させて、体に悪く太りやすいものを食べたいという欲求を抑えられるように、強く心で念じてください。

　そのあとは常にその石を身につけるか持ち歩くようにします。チーズケーキを食べたい衝動に駆られたときは、陰の手に石を持ち10秒間深呼吸

して、頭の中からチーズケーキのイメージを追い出します。そしてジューシーな桃か、シャキシャキのニンジンスティックに手を伸ばしましょう。

ラバ（溶岩）　　　　　　　　　　　　　　　　　　*Lava*

エネルギー	陽
支配惑星	火星
支配元素	火
神	ペレ
パワー	保護　防御

魔法／儀式にまつわる伝承

　火山は古来より創造のシンボルとされてきました。噴火には４つの元素の働きがすべて表れています。すなわち地と火が混ざり合い液体（水）である溶岩を作り、噴火口から煙（風）が上がります。溶岩が水と接すると冷えて陸地ができ、大陸が海へと広がっていきます。このような独特な現象と性質により、世界各地で溶岩には魔力があると考えられるようになりました。

　西洋人がハワイを発見する前、溶岩はヘイアウ（宗教儀式や魔術を行う聖域）を建てる材料として用いられていました。ヘイアウにはそれぞれ異なる役割があり、ハーブ園を併設しヒーリングを行う場所、漁の神々を祭っているもの、さらにはカメハメハ大王の守護神である争いの神クカイリモクの支配下にあるものまであります。

　現代のハワイにおいても昔ながらの暮らしを営んでいる人々は、ヒーリングを行うヘイアウに行き、青みがかったラバを探します。ラバをキーの葉（ティリーフ）で包み、病気の治癒を願って地面に置きます。これは現在でもごく一般的な習慣で、特にケアイワ・ヘイアウなどヒーリング目的で使用されているヘイアウに行けば、あちこちで葉に包まれたラバを見る

ことができます。

　ハワイ火山国立公園のビジターセンターには、事情を知らない観光客が拾ったラバの包みが毎日のように届けられています。それだけでなく、その包みを拾うためにどれほど苦労したかを詳細に記載した手紙までついているそうです。

　古代ハワイにおいて火山、破壊、創造をつかさどる女神ペレは、自らの石であるラバに嫉妬するといわれています。今日においても、ラバを採集する前にまずペレに供物（オヘロベリー、オヒアレフアの花、タロイモの根のほか、現代ではジンのボトルでもよい）を捧げて許可を求めないと、超自然的なトラブルに見舞われると考えられているのです。

魔法の使い方

　世界的にハワイ名で知られているラバは2種類あります。アア溶岩と呼ばれるごつごつした塊のラバは、陽性で男性を象徴しています。表面がなめらかなパホイホイ溶岩は、陰性で女性を象徴します。陽性のアア溶岩は保護や防御に効力を発揮しますが、同じ火山活動によって生まれることから、パホイホイ溶岩も陽性の側面を持っていると考えられています。アア溶岩ほどではありませんが、保護や防御の効力を持ち合わせています。

　小さなラバを祭壇に置くか、ポケットに入れて持ち歩くと、強力な防御のお守りになります。家内安全を願って、白いキャンドルのまわりにぐるりとラバを置き、毎日15分間キャンドルに火を灯すとよいでしょう。

✪ 防御の魔法

　精神的攻撃を受けていると感じたときは塩水に浸かります。そのあとで小さめのラバを9個または13個用意して、東側の地面もしくは床に座ります。座っている位置から数十センチほど離れたところに東側から順番に石を置いていき、自分を完全に取り囲む円を作ります。

　ラバの防御の波動が、赤くどろどろとした溶岩の滝となってネガティブエネルギーを撃退し、それが発した人へ送り返される場面を、強く心に描きましょう。必要に応じて繰り返し行います。

ラピスラズリ *Lapis Lazuli*

エネルギー	陰
支配惑星	金星
支配元素	水
神	イシス　ビーナス　ヌイト（古代エジプトの女神）
関係の深いメタル	ゴールド
パワー	ヒーリング　喜び　愛　貞節　霊性　守護　勇気

魔法／儀式にまつわる伝承

　ラピスラズリははるか昔から、王や女王の石とされてきました。古代シュメールでは、神々と深く結びついた石でした。神々の力が宿るこの石を持ち歩けば、強力な神のパワーが手に入ると考えられていたのです。この石には持ち主を喜ばせたい神の魂が宿っていると言う者もいました。

　シュメールでは円筒印章の材料としてよく使われました。円筒印章とは、丸い小さな石に神々の像とそのシンボルを克明に彫ったものです。これを柔らかい粘土板に押しつけて署名代わりにするとともに、印章自体もアミュレットやタリスマンとして重用しました。

　ロイヤルブルーに金色のパイライト（黄鉄鉱）の粒が散った美しいラピスラズリは、金星と火星両方の影響を兼ね備えていると信じる人たちもいます。理由はパイライトが火星に支配されているからです。けれどもパイライトの量は非常に少ないか、あるいはまったく含まれていない場合もあるので、この考えにあまり根拠はありません。

魔法の使い方

　かなり高価な石であるラピスラズリにはヒーリング効果と心を静めるパワーがあり、この石に触れただけで精神、肉体、霊性、潜在意識、感情などあらゆる状態が改善します。

　具体的には解熱や血液疾患の症状緩和によく使われます。常に持ち歩く

と視力がよくなります。ヒーリング儀式で手に持つか、青や紫のキャンドルのそばに置くと、標的に向けたエネルギー放出を強力にしてくれます。

　病気の友人のためにヒーリング儀式を行う場合は石を手に持ち、友人が回復して元気になった様子をイメージします。エネルギーがあなたから石に流れ込み、そこで増幅され、明確に友人に焦点を合わせて放出されるさまを思い浮かべましょう。

　ラピスラズリは気持ちを高揚させるスピリチュアルな石です。その深い青色は、石の持つ平和に満ちた波動を反映しています。うつ状態を和らげ霊性を促進する働きがあり、瞑想に役立ちます。ラピスラズリは身につけている人の穏やかな精神状態を引き出してくれます。

✪ 愛の引き寄せの魔法

　精神的に強い絆を持った愛を引き寄せる儀式に使います。まだ研磨されていない原石のままのラピスラズリを用意します。この石とピンクのキャンドルに愛を求める強いパワーを送り込んでから、石でキャンドルにハートを刻み込みます。石のそばに置いたキャンドルに火を灯し、愛があなたのもとに訪れる様子をイメージしましょう。

　ラピスラズリは貞節をもたらす強力なパワーを持っているので、恋人同士がふたりの固い結びつきを願って身につけます。現代においては、霊的あるいは超能力的な気づきを高めるために用いられています。

　ラピスラズリは潜在意識を意識のコントロールから解き放ち、直観や本能が自由に働くようにします。ネックレスをつけていると、ふだんは感じられない潜在意識からの波動を受け取れるようになるでしょう。

　霊的な感受性を高めたいと思ったら、ラピスラズリを毎日身につけましょう。またはスクライングやタロット占いをするときや、霊性を高めたいときだけ身につけるという方法もあります。ただこのような占いやそれに伴う儀式を受けるときは、気持ちをリラックスさせるよう仕組まれた「トリック」の可能性も多くあるので注意してください。

　ラピスラズリは守護の石でもあり、特に子供に対して高い効果が期待で

きます。現代インドでは、ラピスラズリのビーズをゴールドチェーンに通し、そのネックレスを子供たちが首にかけることで、健やかな成長と加護を願うのです。また恐怖や誘惑を遠ざける目的もありました。

ラピスラズリには持つ人の勇気を引き出す効果がありますが、これは大人にも有効です。このようなパワーはこの石の特性である霊性と守護に起因するものだと考えられます。

やや高価ではありますが、石の魔法を行う者にとってはぜひ入手したい石のひとつです。

ルビー　　　　　　　　　　　　　　　　　　　　*Ruby*

ほかの呼び名	カーバンクル
エネルギー	陽
支配元素	火
神	ブッダ　クリシュナ（現代のクリシュナ崇拝とは異なる）
パワー	富　守護　パワー　喜び　悪夢よけ

魔法／儀式にまつわる伝承

光沢や文様を生かすためにカボションカットされたルビーは、数世紀前から「カーバンクル」という呼び方で親しまれています。カーバンクルを別個の石として紹介する書籍も多くありますが、実はカーバンクルという名の石は存在しません。宝石の不思議な歴史を表す典型的な例といえるかもしれません。

この美しい石は、中国ではブッダに、インドではクリシュナに捧げる最適の石であると尊ばれ大切にされてきました。

ルビーの夢を見ると、ビジネスまたは金銭面での成功が訪れると広く信じられています。庭師や農家の人がこの夢を見たときは、豊かな実りの前触れです。

またほかの石にも見られますが、持ち主に危険や何かよくない前兆、あるいは病気などを予知したとき、色が濃くなります。霊的に感じとるのか、あるいは実際に色が変化するのか分かっていませんが、おそらくは霊的な現象なのでしょう。このような作用があることから多くの透明な石と同様、スクライングに使用することができます。

魔法の使い方

ルビーは非常に貴重な石です。申し分のない深いワインレッドの色合いを持つものは法外に高価です。

グレードが低く宝石という扱いにならないものは安価で手に入り、パート4で紹介する代用品と同じように魔法に使用することができます。

13世紀の魔法では、ルビーは富を築く石とされていました。使用前に龍やヘビの図柄を彫ると、いっそう効果が高まるといわれています。

そんな理由からかインドの古代魔法では、まず最初にルビーを手に入れれば、ほかの高価な宝石が集まってくると信じられ大切にされてきました。

身につけた人にたくましさを与え、あらゆる敵、邪気、負のエネルギー、伝染病、幻惑、飢餓から身を守ってくれると考えられています。兵士にとっても特別なお守りで、戦闘時の負傷を防いでくれます。別の言い方をすれば、人間の内にある霊的な防御能力を高めてくれるのです。

家にルビーを置いておくと、嵐などの災害や泥棒など負のエネルギーから守ってくれます。屋内に置く前に、ルビーで家の4隅を外側から触れておくと、さらに効果的です。

同様にルビーで木や庭の境界に触れておくと、魔力で雷や暴風雨を遠ざけてくれます。

火星に支配されるルビーは、魔術師が身につけると儀式で使うエネルギーをどんどん供給してくれます。また疲労困憊しているときには、祭壇に赤いキャンドルを立て、その隣にルビーを置くとエネルギーを補給してもらえます。エネルギーを与える性質があることから、ルビーをつけていると体温が上がるといわれています。

またルビーをあしらったアクセサリーは、悲しみや負の思考パターンを

遮断します。このような宝飾品は喜びを生み、意志と自信を強め、さらには不安や恐怖を遠ざけてくれます。

枕の下に置くか身につけて眠れば、悪夢に悩まされることなく安らかな眠りを得ることができるでしょう。

天然の状態でアスタリスク（古代ギリシア語で「小さな星」の意味）が現れるスタールビーには、精霊が住んでいるといわれ、守護をはじめ多くの魔法に効果を発揮するといわれています。また光の線の交わり方を見ることで、占いにも用いられます。

レピドライト（鱗雲母） *Lepidolite*

ほかの呼び名	ピースストーン　平和の石
エネルギー	陰
支配惑星	木星　海王星
支配元素	水
パワー	平和　霊性　幸運　守護　悪夢よけ　サイキズム　恋愛

魔法の使い方

サンディエゴから北に車で約1時間も行くと、パラインディアン居留地に着きます。ここはペグマタイトの産地です。このあたりの山からは、ピンク、レッド、グリーン、マルチカラーのトルマリンや、マイカ、ベリル、モルガナイト、ヒデナイト（グリーンスポデューメン）、クンツァイト、そして大量のレピドライトが見つかります。

50から100センチはあろうかという美しいライラック色の巨大な石が、太陽の光を浴びてキラキラと輝いています。岩の中からはピンクトルマリンのクラスターが姿をのぞかせ、その姿はまさに壮観で、見る者を圧倒します。

レピドライトは、リチウムを豊富に含む紫がかったマイカです。美しく

も脆い鉱石で、丸玉や卵形に加工できる程度の強度で見つかっても、ほとんどはすぐ粉々に砕けてしまいます。ピンクトルマリンの結晶が貫通してしまっているものもあります。

宝石ではないために、以前は店で入手することが困難でした。けれども石の魔力を知っている人たちの間で注目されはじめているので、徐々に店頭にも姿を現すようになるでしょう。

レピドライトは平穏をもたらす石で、日々のストレス緩和には最適の石です。アクセサリーに加工されることは珍しく、ほとんど見かけないので石が手に入ったらバッグに入れて持ち歩くとよいでしょう。

また怒りや憎しみ、そのほかあらゆる負の感情を和らげる効果もあります。陰の手に数分間石を持ち、深呼吸してみてください。また家庭を平穏に保つには、ピンクのキャンドルのまわりにレピドライトを円形に並べておくとよいでしょう。

レピドライトは、ときに鮮やかな紫色に発色するものもあります。このため儀式に用いたり、霊性を高める目的で持ち歩くのもお勧めです。

持ち主に幸運を引き寄せる石でもあります。魔よけとしての特性が際立って強いわけではありませんが、災いを遠ざけることもできます。

枕元に置いておけば、悪夢から解放され安らかな眠りを得られます。

魔術師のなかには、サイキック力を高めるためにレピドライトを使用している人もいます。彼らが行う方法は、祭壇に黄と青のキャンドルを立て、その間に大きいレピドライトを置きます。石と向かい合って目を閉じ、意識の奥深くに精神を集中させるのです。

レピドライトにピンクトルマリンが埋め込まれたものは調和の石とされ、恋愛を発展させ、関係悪化につながる負の感情を抑える効果があります。

ロードクロサイト　*Rhodochrosite*

エネルギー	陽
支配惑星	火星
支配元素	火
パワー	エネルギー　平和　恋愛

魔法の使い方

　この美しいピンクの石は、身につけるか持ち歩くことで、激しい運動を行うときにエネルギーを補給してくれます。

　またストレスを軽減し、感情や体を鎮静させる効果もあります。ロードクロサイトをひとつ浴槽に入れると、お風呂でくつろぐことができます。

　最初に述べたエネルギーの補給と鎮静化は相反するように感じるかもしれませんが、決してそうではなく、あなたが石に叶えてほしいパワーを込めることで、石はその希望に沿うように働きを調整するのです。

　また、愛を引き寄せるために身につけることもできます。

ロードナイト　*Rhodonite*

エネルギー	陽
支配惑星	火星
支配元素	火
パワー	平和　混乱の鎮静化

魔法の使い方

　ロードナイトを身につけると心が落ち着き、混乱、疑念、不合理を追い払うことができます。

また持ち歩くことで、心霊的な負の波動を遮断してくれます。
　色は赤みを帯びており、通常黒い筋が見られます。魔術師やシャーマン、ウイッカンが、自身の内なるバランスを整えるために身につけることも多くあります。

パート3
メタルの魔法
金属

魔法に使うメタル(金属)の事典

　気も遠くなるほどの古代に、流星が唸りをあげながら落ちてきて地面に衝突します。その衝撃で粉塵が舞い上がり、あたりは真っ暗になり何も見えなくなりました。しばらくしてそれが落ち着くと、一面が奇妙な黒っぽい物体で覆われていました。この様子を岩の陰から見ていたひとつの影が、おそるおそる身をかがめながら出てきて空を見上げます。そして近くにあった黒く重い物体のかけらを調べはじめました。その物体は信じられないほどの重さでした。

　眼前で起きた壮観で恐ろしい出来事を目の当たりにした人影は、ふと何かに気づいたようです。しばらくたってから、まだ温かい石をそっと拾い上げました。するとなぜか、これが空に浮かぶ不思議な光の点から降ってきた強力なエネルギーであると感じたのです。

　それからおよそ1万年後……。女神イシスの巫女が、ハス池の隣にある壁に囲まれた庭に座り、キラキラ輝くメタルの像を眺めています。それは羽を持った人がひざまずいている形をしています。やがて巫女はハッとしたようにつぶやきました。

　「これはシルバー！　イシスを象徴するメタル！」

　その4000年後、ひとりの男が服を脱ぎ捨て、眼鏡やブラス(真鍮)のブレスレットをそっと取り外していました。メタルのファスナーや金具がついていないローブに着替えます。彼は魔法の準備をしているのです。

メタルは神や女神の肉であり、地球の骨であり、宇宙の力の結晶です。私たちが知るかぎり、メタルはどこにでもあるけれど高価で美しく、ときに神秘的であり実用性にもすぐれています。

　メタルはすべて強力な魔法の道具です。魔法そのものが始まったころから儀式で用いられてきました。昔の人々は石の持つパワーを感知したように、メタルにもエネルギーがあり、それはとてつもない影響力を持っていることを発見しました。あるメタルは私たちを邪悪なものから守り、別のメタルは悪夢を葬り去ってくれます。そして宇宙と生命を創り出した大いなる力に、崇敬の念を表すために捧げられるメタルもあります。

　のちに人間がテクノロジーを駆使して、メタルを土台となる岩から取り出すことができるようになると、メタルに関する魔法的知識はさらに深まりを見せていきます。

　現代では、かつてハーブや石がそうだったように、メタルの魔力はほとんど忘れ去られています。これは本当に残念なことです。なぜなら、メタルも石やハーブと同じくらい強力で影響力のある魔力を持っているからです。

　メタルで魔法を行うときは、単体または石と組み合わせて使います。もしあなたが宝石職人や宝石商なら、魔力を持ったオリジナルの指輪やブレスレット、クラウンを作ることができます。もし個人なら、強力なパーツが店舗やインターネットを通じて手に入りますし、オーダーで作ることもできます。

　メタルの魔法といっても、大量のゴールドやシルバーを買う必要はまったくありません。またはるか遠くにある有名鉱山を訪ねていく必要もありません。私たちのまわりはメタルであふれています。

　この魔法を行うために必要なものは、メタルの中で見いだされるのを待っているパワーを知ることだけなのです。

❀ 各惑星に属するメタル

　一部のメタルは、少なくとも古代バビロニアの時代から、惑星と結びつけられてきました。この関連づけは魔法に活用するために作られたもので、今日まで継承されています。
　惑星に関連する魔法（パート4を参照）を行うときは、石の魔法と同じようにメタルに具体的な願いを込めたエネルギーを注ぎ込み、きちんとした手順を踏んで使用します。
　メタルは、「身につける」「小さな布袋に入れて持ち歩く」「キャンドルや石の近くに置く」など使い方にルールはありません。
　古代の人々が太陽や月を惑星と考えていたことをふまえて、各天体とそれに属するメタルをご紹介しましょう。

太陽：ゴールド（金）
月　：シルバー（銀）
水星：マーキュリー（水銀）　エレクトラム（合金）
金星：コッパー（銅）
火星：アイアン（鉄）
木星：ティン（錫）
土星：リード（鉛）

　古代から現在までに、そのほかにもメタルが（それに惑星も）発見されていますが、基本的な関連づけは変わりません。各メタルの詳細な情報は本章に詳しく記しました。

❀ 各元素に属するメタル

　メタルは明らかに土と関係がありますが、魔法を行う便宜上、ほかの元素とも結びつけられています。元素の魔法の効果についてはパート4を参照してください。

土：リードとマーキュリーを支配
風：アルミニウム、マーキュリー、ティンを支配
火：アンチモン、ブラス（真鍮）、ボージャイストーン、ゴールドを支配
鉄：メテオライト（隕石）、パイライト（黄鉄鉱）、スチール（鋼）を支配
水：コッパー、ロードストーン、マーキュリー、シルバーを支配
アーカーシャ：ボージャイストーンとメテオライトを支配

マーキュリーはその特異な性質から、土、風、水の3つに支配されます（詳しくは該当する項目を参照）。エレクトラム（琥珀金あるいは合金：金と主に銀）およびその他のアマルガム（合金：水銀とほかのメタル）については、元となるメタルをつかさどる元素に支配されます（たとえばゴールドとシルバーのエレクトラムは火と水に支配される）。

繰り返しになりますが対応する惑星および元素は、術者が魔法を行うときに使える道具の一種です。あくまで枠組みであって、これに縛られる必要はありません。

では、それぞれのメタルについて見ていきましょう。

◆ アイアン（鉄） *Iron*

エネルギー	陽
支配惑星	火星
支配元素	火
神	セレネ
関係の深いパワーストーン	水晶　穴あき石
関係の深いメタル	ロードストーン　メテオライト
パワー	守護　防御の魔法　強さ　ヒーリング　グラウンディング　盗まれたものが戻ってくる

魔法／儀式にまつわる伝承

隕石以外で、鉄が混じりけのない状態で見つかることはほとんどありません。そのため人類が最初に鉄を使用することができたのは、この奇妙な地球外物体から得たものでした。太古の人々は、天から隕石が落ちてくるところを目撃すると、それを使って骨や石でできた道具を補強し、簡単な道具を作りました。

最終的に人類は鉱石から鉄を抽出する方法を発見し、世界中であらゆる用途に鉄を使用することができるようになりました。ひとたびそうなると、純粋に物理的道具としてのみ使用されるようになり、魔法や宗教での使用は制限されました。たとえば古代ギリシアでは、鉄が寺院に持ち込まれることはありませんでした。ローマの司祭は身を清めるとき、鉄でひげを剃ることも汚れをこすり落とすこともできませんでした。

アイルランド、スコットランド、フィンランド、中国、韓国、インド、それにそのほかの国でも、鉄に関する厳格なタブーがあります。古代の儀式では、鉄を使わずに火をおこす、鉄を使わずに祭壇をつくる、鉄を含むものをすべて取り除いたあとで魔法を行う、というように鉄は厳しく排除されていたのです。

ハーブも通常は鉄が含まれないナイフで収穫します。鉄の波動がハーブのエネルギーを妨害したり、混乱させたりすると考えられているためです。

ヒンズー教ではかつて、建物に鉄を使用すると伝染病を蔓延させると信じられていました。今日でも鉄を含むものを贈ることは不吉であると考える人もいます。

しかし鉄も魔法に使用されることはあります。特に防御の魔法を行う際に、身につけたり使用したりします。悪魔、幽霊、妖精、魔神などの架空の存在は、鉄の強力な陽性の波動を恐れると考えられています。

中国では、龍は鉄を怖がると信じられていて、雨が必要なときに鉄のかけらを「龍の池」に投げ込みます。すると動転した龍が雨雲になって空に飛び上がり、雨を降らすといわれていたのです。

古代スコットランドでは家庭内に死者がでると、死がもたらす危険な状態を回避するために鉄が使われました。鉄の釘や編み針を、チーズ、穀物、

肉などありとあらゆる食べ物に刺します。これが避雷針のように働いて、生者を襲う混乱の波動を引きつけるのです。そしてこのような負の波動で汚染された食べ物は口にしないようにするのです。

古代ローマ人は疫病が流行しているときなどに、家の壁に釘を刺して健康を祈りました。

逆に言えば、鉄はその防御の効果により、ときに神聖な存在とされ恐れられることもあったのです。古代アイルランドの泥棒は、鉄の防御力に恐れをなして、鉄製のものを盗む勇気はありませんでした。

魔法の使い方

鉄は純粋な陽性のパワーを持ち、活動的で探究心旺盛で、目をくらませたり、混乱を招いたり、身を守ってくれたりします。

強力な家内守護の効果を得るには、小さな鉄を各部屋に置くか、土地の4隅に埋めるとよいでしょう。昔は鉄のフェンスで、負のエネルギーが家に入り込むのを阻止することもありました。

✪ 防御や守護の魔法

防御や守護の魔法を行うときは、火星のマーク（♂）を彫った鉄の指輪をつけます。または直径が7〜8センチの白いキャンドルと、古い鉄釘を8本用意します。火（または赤いキャンドルの炎）で釘を熱し、白いキャンドルにランダムに刺していきます。釘が刺さったキャンドルに火を灯し、自分が守られ保護され安全である様子をイメージします。

鉄を身につけたり、小さな鉄を持ち歩いたりすることで肉体が強くなるので、アスリートのタリスマンとしても最適です。

鉄はヒーリング魔法にも使うことができます。眠るとき小さな鉄屑を枕の下に入れておきます。本来は病気を引き起こす悪魔を遠ざけるためでしたが、体の持つ自然治癒力を高める効果もあると考えられています。

鉄の指輪やブレスレットは病気を取り除いてくれます。鉄をヒーリングに使っていたのは、少なくとも古代ローマ時代からのようです。

ドイツには歯痛を和らげる興味深い儀式があります。熱した鉄に油を注ぎます。鉄から立ちのぼる煙が、歯の痛みを緩和してくれます。

古代スコットランドではヒーリングの石（水晶や穴あき石など）を超自然的な生き物に盗まれないよう、鉄の箱の中にしまっていました。

鉄を身につけることで、グラウンディング効果があります。また霊性を閉じ、体の中からエネルギーが流れ出るのを防いでくれます。もちろん魔法を行う際には適しませんが、霊的あるいは精神的攻撃を受けたときや疲労してエネルギーを使いたくないとき、集中が必要なときに役立ちます。

鉄の蹄鉄と鋲は古くからある魔法の道具です。古代ギリシアで初めて使用されたといわれるこの道具は、ギリシアではセルナと呼ばれ、月と女神セレネに関連づけられていました。

玄関のドアに蹄鉄を下げておくとお守りになります。正しい下げ方には諸説ありますが、私はいつも蹄鉄の両端を上にしています。理想を言えば、もともと使用されていた鋲3本で留めるのが望ましいでしょう。

蹄鉄を留める鋲を曲げて指輪にし（それだけの長さがあるものでないといけませんが）、幸運とヒーリングを願って身につけることもあります。

✪ 盗まれた品を取り返す魔法

何か物を盗まれたとき、暖炉があるなら次の魔法を試してみてください。どこかで蹄鉄の鋲を見つけることができたら、それを暖炉に持っていき、盗まれたものが家に帰ってくるところをイメージします。これで完了です。

現在でも魔術師やウイッカンのなかには、魔法を行う前にすべての鉄製品を体から外す人もいますが、この風習は徐々になくなりつつあります。

アルミニウム　　　　　　　　　　　　　　　*Aluminum*

ほかの呼び名	アルミニウム（Aluminium）（イギリス）
エネルギー	陽
支配惑星	水星
支配元素	風
パワー	頭脳　旅行　イメージの魔術

魔法の使い方

　アルミニウムは、今日最も誤用されているメタルかもしれません。アルミニウムの調理器具は、その一部の成分が熱によって食品に溶け出すという点で明らかに危険であり、深刻な結果を招きかねません。それにもかかわらず、長きにわたって人気を集めています。

　アルミニウムやその製品は、アスピリンの成分から制汗剤に至るまで、ありとあらゆるところで目にすることができます。ペットボトルや航空機の部品を作る際にも使われています。

　アルミニウムは現代のメタルで、先代の人々が活用した歴史がありません。時々水星に関連づけられるマーキュリー（水銀）の代用品として推奨されます。アルミニウムがマーキュリーより危険性が少ないのは明らかですが、調理に使うことはやめておきましょう。

　魔法においては、小さなアルミニウムを持ち歩くことで頭脳が刺激されます。現代では旅行と関連づけられるため、遠方に旅をするときのお守りとして使われています。

　アルミホイルは世界のキッチンから追放されるべきだと私は思っていますが、イメージの魔法に使うことができます。

✪　魔法の補助的役割

　祭壇に大きなアルミホイルのシートを置きます。あなたが必要とする目的にかなった色のキャンドルに火を灯します（色の詳細はパート4を参照）。

ア

　魔法で叶えたいことを思い浮かべたら、それをアルミホイルで形づくっていきます。その成形されたものに、あなたの願いを視覚化してパワーを注ぎ込みましょう。これが終わったらアルミホイルのしわを伸ばし、水をかけます。乾かして平らにし、毎日同じアルミホイルを使用して成形し、パワーを注ぎ込みます。願いが達成されるまで繰り返して行いましょう。

　アルミニウムのリサイクルは、「ごみをお金に変える」という新しい形態の「魔法」です。経済的にも環境的にも魔法的にも健全なことなので、近所にリサイクルセンターがあるのなら、アルミニウムをためておいて「ゴールド」に変えましょう。

アンチモン　　　　　　　　　*Antimony*

エネルギー	陽
支配惑星	太陽
支配元素	火
パワー	守護

魔法の使い方

　負の波動から身を守るには、小さなアンチモンのかけらが役に立ちます。この白いメタルは身につけて持ち歩くことで守護の効果を発揮します。

　守護作用がある石とアンチモンのかけらを合わせることで、守護のパワーを増幅させることができます。

エレクトラム（合金） *Electrum*

魔法の使い方

　エレクトラムとは一般的に、複数のメタルから成る金属質の物質のことです。魔法でエレクトラムを使用する際には、ゴールド、シルバー、プラチナが他のメタルと組み合わされていることが多いようです。

　天然のエレクトラムはきわめてまれで、かつては魔法に使おうとする流れが強くありました。今日ではたとえ人工的に生成されたものであっても、そのエネルギーが劣ることはないと考えられています。

　メタルを混ぜるということは、それぞれのパワーを合わせるということです。こうして作られた新たなメタルは、複数の異なる惑星のパワーを必要とするとき、あるいは何か固有の目的があるときなど、さまざまな魔法において使うことができます。

　数百年前、ゴールドとシルバーのエレクトラムのカップが作られました。毒性のある溶液を入れるとエレクトラムが力を発揮し、半円形の虹と火花が出現したといわれています。

　これを信じるか信じないかは個人の自由ですが、霊的な目で見ればそんな現象が本当に見えるのかもしれません。毒を盛るような話も現在ではほとんどありませんが、エレクトラムにはそういう超常的なパワーがあると考えられていたのです。

　古代エジプト人は、天然のエレクトラムから装身具を作っていました。現在もメタル加工技術をもつ魔術者は、特定の目的のためにオリジナルのエレクトラムを作っています。

　たとえば古代の大自然の神々を崇拝しているウイッカンは、シルバーとゴールドのエレクトラムでできた指輪やペンダントを身につけていたと思われます。これは最も重要なふたりの神の合体を象徴しているのです。

　今日では、エレクトラムはあまり市場に出まわっていないので、通常は個別に注文しなければなりません。

ゴールド（金） *Gold*

エネルギー	陽
支配惑星	太陽
支配元素	火
関係の深いパワーストーン	水晶　ラピスラズリ　オリビン　サードオニキス　ペリドット　サンストーン　トパーズ　ターコイズ　ジルコン
関係の深いメタル	ロードストーン　パイライト
パワー	力　ヒーリング　守護　知恵　金運　成功　性機能障害の改善

魔法／儀式にまつわる伝承

　ゴールドは神、特に太陽と関連づけられる神々と深い関わりがあります。いついかなる時代においても、それがどこで見つかったか、あるいは物々交換で手に入れたかに関係なく、神聖なものにはゴールドが多く使われてきました。神々への進物として最も格式が高いと考えられていたからです。

　現代においても、ゴールドは多くの人にとって富と成功の象徴です。ゴールドのアクセサリーをつけるのは、「私は成功者です」と宣言しているようなものでしょう。今日では、古代におけるゴールドの魔法的要素を知っている人は、ごくわずかになってしまいました。

　数年前にメキシコ中心部にある田舎の聖堂を訪れたとき、ゴールドを惜しみなく使った祭壇に目を見張り、驚愕したことを鮮明に覚えています。農民たちがわずかな賃金を貯め、それを出し合って、組織立った宗教の経済力を示す記念碑を建てたのです。ほかの地域同様、今日のメキシコでもゴールドは宗教と深く結びつけられています。

　主に太陽のエネルギーを利用する魔術師は、太陽と同調すべくゴールドの儀式用装身具をまとっています。ウイッカにおいても、大司祭や太陽を神の象徴として崇める人たちは、ゴールドをつけていることが多いようです。

伝説によると、ドルイド僧はゴールドの鎌で宿木を集めたといいます。中世のハーバリスト（薬草師）たちも、集めた植物のパワーを増幅させるために、収穫の際にはゴールドの道具を使用していました。

魔法の使い方

　メタルのなかで最強の魔力を持つといわれるゴールドは、多くの魔法に活用されています。儀式で身につければ、ゴールドの装身具が術者の力を最強のレベルに高めます。毎日の生活で身につければ、個人のパワーを最大限に発揮させてくれるので、勇気や自信が湧いて自分の考えに確信が持てるようになります。

　ゴールドの道具は伝統的にはハーブを集めるために使用されていました。「伝統的に」というのは、現実的に純金はこの目的で使用するには柔らかすぎるためです。もし自宅に金メッキのナイフがあるなら、それこそハーブを集めるには最適の道具です。厳密に言うと、陽性（男性性、ポジティブ、電気的）のハーブを集めるときに使うとよいでしょう。陰性（女性性、ネガティブ、磁気的）のハーブを集めるときには、シルバーのナイフが適しています。

　ゴールドのチェーンは首から下げることで健康を維持し、ゴールドの腕輪は関節炎の痛みを緩和してくれます。日常的にゴールドを身につけていると、長生きができるといわれています。

　太陽のようなきらめきを持つゴールドは守護のメタルです。お守りとして持ち歩くとよいでしょう。ゴールドを飾りボタン風にあしらった特製の指輪もお守りになります。現代においても、インドの幼児たちは小さなゴールドのアミュレットで守られています。

　守護の魔法を行うときには、ゴールド製のモノや装身具を祭壇に置いてください。白いキャンドルのまわりにシンプルなゴールドチェーンを置くと、守護の効果があります。

　またゴールドには知恵を深め賢明さをもたらす働きもあります。その際はゴールドを身につけるのではなく、無条件でほかの人に贈ります。そうすると、贈ったあなたに英知がもたらされるのです。

ゴールドは長きにわたって交換の媒体として使われており、高い価値を持つことで、お金に関する魔法によく用いられます。これは一見おかしなことのように思われるかもしれません。ゴールドを持っているなら、なぜお金を求めるような魔法を行うのでしょう？　実は魔法に使うゴールドは、葉っぱの切れ端ほどでいいのです。ごくわずかな量のゴールドとお金を引き寄せる宝石、それにキャンドルを使って富を招く儀式を行ってみてはいかがでしょうか。

　金塊のアクセサリーを身につけると、その人の人生に絶えずお金が流れてくるようになります。けれどもそのような高額なアクセサリーを手に入れるだけの幸運に恵まれる必要があります。まずは幸運に恵まれる魔法の実践が必要なようです。

　ゴールドのもつパワーは、鉱山で働く人や、鉱山や貴金属に投資している人には、特に効果が高いと考えられています。

　太陽の象徴であることから、成功を招く魔法には最適です。パワーを込めたゴールドを身につけると、男性の性機能障害の改善にも効果があることが分かっています。

コッパー（銅）　　*Copper*

エネルギー	陰
支配惑星	金星
支配元素	水
神	アフロディーテ　アシュタルテ　イシュタル
関係の深いパワーストーン	水晶　エメラルド
関係の深いハーブ	ミモザ
パワー	エネルギーの方向づけ　ヒーリング　幸運　恋愛　守護　金運

魔法／儀式にまつわる伝承

コッパー（銅）は赤褐色のメタルで、長きにわたり神々と関連づけられてきました。古代メソポタミア時代には、金星と関連する女神たちだけでなく、天の女王を象徴するものと考えられていました。そのなかにはイシュタルやアシュタルテ、さらにはそのふたりの前身であるシュメール人の女神イナンナも含まれているようです。

コッパーはアメリカ先住民にとってだけでなく、バビロンの太陽としても神聖なものとして大切にされてきたのです。

魔法の使い方

コッパーは電気を通すことで有名です。現代での使用例としては、コッパーの管でできたおしゃれな杖が挙げられます。杖の頭には水晶がついていて、革やその他の保護材で覆われていることもあります。このような杖は魔法においてエネルギーコントロールに用いられます。同じ目的で、コッパーを身につけることもあります。目標に向かうエネルギーの方向づけをサポートしてくれるのです。

コッパーは古来より、ヒーリングの促進に使用されてきました。これはコッパーの持つバランス調整能力（体内の極性是正や陽性・陰性のエネルギー調整）によるものと考えられます。シャーマンやヒーラーは口をそろえて、このエネルギーの流れが滞るとバランスが乱れ、病気を引き起こすと言います。

コッパーのヒーリング能力に限界はありません。メキシコでは移動前に銅貨をへその上に置き、乗物酔いを防ぎます。身につけることでリウマチや関節炎、その他の痛みを緩和するといわれています。またコッパーのワイヤーを足や腕にゆるく巻くことで、けいれんを抑えます。

ピュアコッパー（純銅）は形態にかかわらず、ヒーリング全般および病気予防のために身につけられます。効果を最大限にするには、通常右利きの人であれば体の左側に、左利きであれば右側につけるとよいでしょう。

コッパーは太陽の属性も備えていたことから、幸運を呼ぶメタルといわれています。同じように幸運を呼ぶ宝石と一緒にするとさらに効力を発揮

するでしょう。

　金星に属するメタルなので、身につけることで愛を引き寄せます。もし金銭的に余裕があれば、コッパーにエメラルドがついたものを手に入れると、その効果はさらに高いものとなるでしょう。

　昔は、深刻な病気や負のエネルギーから身を守る目的でミモザ（フサアカシア）の種をコッパーの指輪に埋め込んでつけていました。

　コッパーはお金を引き寄せるともいわれています。アメリカの1セント銅貨は今では銅で作られていませんが、昔の銅貨、特にうるう年に作られた銅貨は、家庭の台所にお金を招くものとして置かれていました。

シルバー（銀） *Silver*

エネルギー	陰
支配惑星	月
支配元素	水
神	イシス　ディアーナ　ルナ　セレネ　ルキナ　月と夜の女神すべて
関係の深いパワーストーン	エメラルド　パール　ジェイド　ラピスラズリ
パワー	祈祷　恋愛　サイキズム　夢　平和　守護　旅行　金運

魔法／儀式にまつわる伝承

　シルバーは月のメタルです。単体で見つかるため、人間が初めて用いたメタルのひとつでもあります。美しく希少価値が高いので、神々の図像や捧げ物を作るときに使われます。

　シルバーは世界中で、永遠の女神である地母神が宿るという月と同一視されています。今日でもウイッカンの大司祭や月を地母神の象徴と考える人々は、その敬意を示すためにシルバーのクレッセントを身につけていま

す。またウイッカンの満月の儀式では、シルバー製のモノを祭壇に置きます。

　地母神を崇拝する人たちは、儀式を行うとき、この母なる神を呼ぶためにシルバーのベルを鳴らすようです。ベルそのものが女神の象徴であり、シルバーは地母神に捧げられるものですから、儀式の方法としては最も理にかなっており、効果的かつ適切な方法です。

　またシルバーは守護のアミュレットとしても人気があります。中国では、幼い子供たちの首にシルバーのロケットをかけてお守りにします。現代文学や映画の影響で、シルバーの銃弾がバンパイアや狼男から身を守ってくれるという考えも広まりました。

　シルバーは感情、精神、恋愛、ヒーリングのメタルです。

魔法の使い方

　シルバーのアクセサリー、あるいはエメラルドやパール、ジェイド、ラピスラズリなどパワーを込めた石がついたシルバーの指輪は、愛を引き寄せるには最適のものです。

★ 円板を使った魔法

　小さなシルバーの円板に金星マーク（♀）を彫り、円板の上にピンクのキャンドルを置きます。あなたの生活に愛が訪れる場面をイメージしながら、キャンドルを灯しましょう。

　シルバーは感情との関連性が強いため、満月のときに身につけると過剰に緊張したり、感情が高ぶったりする人もいます。そうなったときは、必要に応じてバランスをとってくれるゴールドを身につけましょう。あるいは単にシルバーを外すだけでも、その状態から脱することができます。

　シルバーは霊性に訴えかけるメタルです。身につけると感情を抑制すると同時に、霊性を刺激します。霊能力者によっては潜在意識にスムーズに働きかけることができるよう、常にシルバーをつけている人も多くいます。

✪ 満月の夜のスクライング

どんなものでもよいので、シルバーを月明かりの下で取り出します。気持ちを静め、シルバーを手に持ち、目から60センチほどのところまでそっと持ち上げ月に掲げます。シルバーに月を映し、霊的な波動を感じるまでじっと見つめましょう。

✪ 霊的な夢を見る

眠る前にシルバーのアクセサリーを身につけると霊的な夢が見られるそうです。ムーンストーンなど霊性の強い石がついていれば、さらに確率が上がります。あるいは枕の下にシルバーを置くという方法もあります。シルバーの上に横になり、心を落ち着かせます。霊的な夢を見たいと願い、朝になっても貴重な夢を覚えているところをイメージしましょう。

怒っているとき気持ちが落ち着かないときにも、シルバーを身につけましょう。どんな石がついているかにかかわらず、シルバーの指輪に触れるとすぐに心が静まるという言い伝えがあります。

シルバーは守護の目的でも用いられます。月が太陽の光を反射するように、シルバーも負のエネルギーを反射し、持ち主から遠ざけてくれます。小さなシルバーの丸玉（またはどんなシルバーのアクセサリーでも）を身につけると、その魔力で守ってくれます。三日月状のシルバーは、鋭い「角」となって邪悪なものを跳ね返してくれるという信仰は世界的にも有名です。

シルバーは宝飾品によく使われます。パワーを込めてから身につけると、その人の頭脳と感情に働きかけて、一貫性のある論理的思考をもたらしてくれます。

また旅人たちを危険から守るという効力は、航海において最も威力を発揮されるといわれています。

✪ お金を引き寄せる魔法

世界人口のおよそ3分の2にあたる人が、シルバー（または銀メッキの硬貨）を通貨として使用しています。そのことからお金を引き寄せる魔法

にも広く用いられています。

　シルバーの10セント硬貨に、お金が入ってくる様子をイメージしてパワーを込めます。10セント硬貨がない場合はシルバービーズか何かシルバー製のもので試してください（**注**：アメリカにおいて完全なシルバー製の10セント硬貨は、1965年以前に鋳造されたものだけです）。これをキャンドルホルダーの下に置いて、緑のキャンドルにもパワーを注入します。キャンドルをホルダーに入れて火を灯し、思いがけない収入を得るシーンを思い浮かべましょう。

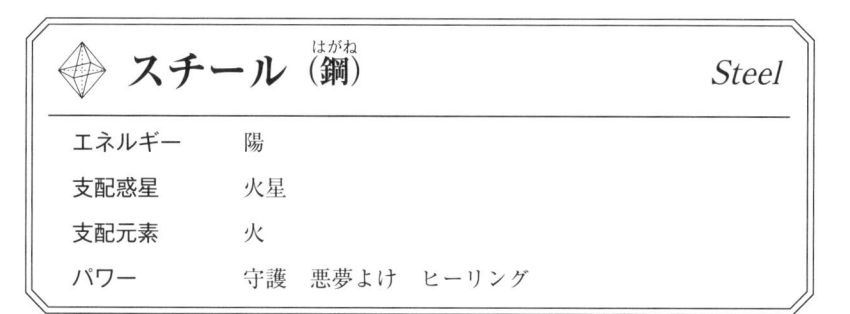

スチール（鋼 はがね）　　　　　　　　　　　*Steel*

エネルギー	陽
支配惑星	火星
支配元素	火
パワー	守護　悪夢よけ　ヒーリング

魔法／儀式にまつわる伝承

　昔は、いたずら好きな妖精から身を守ってくれると考えられていました。

魔法の使い方

　スチールは比較的最近のメタルなので、魔法における偉大な歴史はありません。けれども、発見されて今日まで伝えられている使用法はあります。たとえば小さなスチールを持ち歩くか、スチールの指輪をつけると、負のエネルギーから身を守ってくれる守護のアミュレットになります。

✪　悪夢を撃退する魔法

　刃がだめになったスチールナイフを手に持ってください。このナイフが負のエネルギーを貫く場面と、心を惑わすネガティブ衝動を断ち切る場面

をイメージします。朝、すっきりと爽やかな気分で目覚める瞬間を思い浮かべてください。その後ナイフをベッドの下に入れ、その上で寝ます。

これでもう夢にうなされることはないでしょう。

アメリカの民族魔術では、スチールの指輪を常に身につけていると、リウマチの予防になるといわれています。しかし魔法の歴史も浅く真偽のほどは定かではありません。

ティン（錫） *Tin*

エネルギー	陽
支配惑星	木星
支配元素	風
パワー	本能的予知　先見　幸運　金運

魔法／儀式にまつわる伝承

コーンウォールの古い言い伝えには、ティン（錫）をシルバーに変えるという魔法があります。方法は、決まった月の満ち欠けの夜に、蟻の入ったタンクの中に錫を入れるだけでよいのだそうです。よくある話ですが、どの日にその魔法を行えばよいかは伝わっていません。新月となる１日目でしょうか？　それとも17日目？　あるいは20日目？

魔法の使い方

木星のメタルであるティンは、このあと「リード（鉛）」の項目で紹介する魔法と同じような用い方ができます。

✪ 将来を占う

大晦日という来年の行方を占う最も重要な夜に、鉄のカップに少量の

ティンを入れて、炎で溶かします（ガスバーナーを使えばよいでしょう）。
　メタルが溶けたら、冷たい水を入れたバケツの中に落とします。塊になったティンの形と、そこに現れているひだや模様を見てください。その形状から将来を占います。

　ティンは幸運のお守りとして持ち歩くこともあります。お金を引き寄せるタリスマンになるよう、小さなドル紙幣に見えるデザインなどをティンに彫りつけてもよいでしょう。

パイライト（黄鉄鉱）　　*Pyrite*

ほかの呼び名	フールズゴールド（愚者の黄金）　パイライツ　アイアンパイライト
エネルギー	陽
支配惑星	火星
支配元素	火
パワー	金運　予知能力　幸運

魔法／儀式にまつわる伝承

　古代メキシコ人はパイライトを磨いて鏡を作っていました。この鏡を用いて未来を占っていたのかもしれません。この奇妙な鉱物は、アメリカ先住民のシャーマンの薬袋に入れられていることがありますが、理由はパイライトのエネルギーを借りるためだと思われます。

　古代中国では、ワニの攻撃から身を守るために使用されていました。幸いなことに、ワニの生息地近くに住んでいない私たちは、石がなくてもこのような災難に遭うことはほとんどありません。

魔法の使い方

フールズゴールド（愚者の黄金）として広く知られるパイライトは、本物のゴールドと一緒に見つかることが多々あります。そうすると、本当に愚かなのは誰なのでしょうか。

✪ お金を引き寄せる魔法

キラキラした黄金がかった色と輝きから、富やお金を引き寄せる魔法に使われます。祭壇にパイライトを5個置きます。そのまわりにキャンドルを5本並べてください。キャンドルに火を灯し、お金があなたのほうへ流れてくるさまをイメージしましょう。

また持ち歩くことでも金運や幸運を引き寄せます。なめらかな表面は、霊的な感性を呼び覚ます魔法の鏡として使用できます。

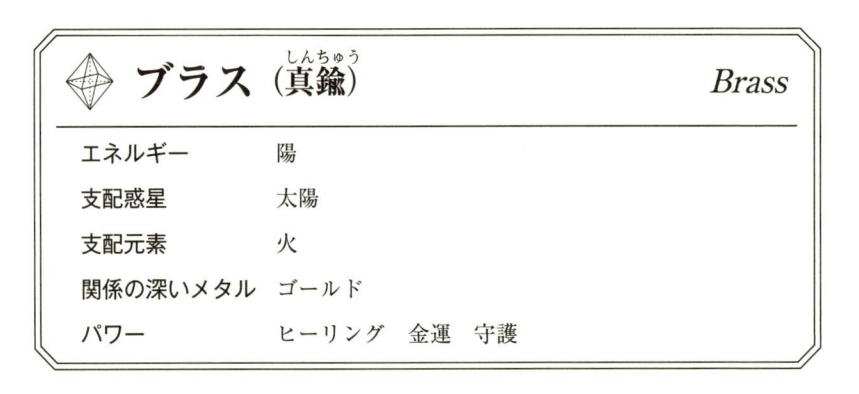

ブラス（真鍮） *Brass*

エネルギー	陽
支配惑星	太陽
支配元素	火
関係の深いメタル	ゴールド
パワー	ヒーリング　金運　守護

魔法の使い方

ブラス（銅と亜鉛の合金）は長い間、魔法においてゴールドの代わりに使用されてきました。ゴールドの特性をすべて持ち合わせているわけではありませんが、お金を引き寄せる魔法によく用いられます。

★ お金を引き寄せる魔法

　日の出の時刻に、ブラスでできた小さなベル8個と緑のキャンドル8本に「お金が欲しい」と願いながらパワーを込めます。可能であれば、朝日が直接当たる場所で行いましょう。ホルダーに立てたキャンドルを四角になるように置きます（一辺に2本）。ベルをそれぞれキャンドルの上で鳴らし、お金が入ってくる様子を視覚化しましょう。

　また成功を呼び込む魔法では、ブラスの上にパワーを込めたオリビンやアベンチュリンなどのお金を引き寄せる石を置くのもよいでしょう。
　簡単な魔法をもうひとつ。小さなブラスのかけらに、爪か彫刻刀でペンタグラムを刻みます。これを身につけることで富を引き寄せます。
　ブラスはヒーリング魔法でも使われていました。たとえばブラスの指輪をすると、激しい腹痛を治すことができるといわれています。
　ブラスの鍵を襟元や背中側に垂らすのは、古くからある鼻出血を止めるおまじないです。
　この黄色を帯びた金色のメタルには守護の力もあります。ブラスのアクセサリーは身につける人を守ってくれます。負のエネルギーを送り主のもとへ跳ね返すので、防御の魔法にも用いられます。ブラス製のモノにパワーを注ぎ込んで自宅に置いておくと、家のお守りになります。

◆ ボージャイストーン＊　　　*Boji Stones*

エネルギー	陽
支配惑星	火星
支配元素	火　アーカーシャ
パワー	守護　ヒーリング　エネルギーのバランスを調整

＊Boji StonesはBoji Inc.の商標です。

　デンバーに行く途中、イシス・ブックストアのオーナーが奇妙な石をた

くさん私の手にのせてきました。

「見て！　これは何だと思う？」と彼は言いました。

灰色のメタルのようなもので、とても重かった印象があります。磁石でしょうか？　いいえ、違います。楕円形でざらざらした表面の透き通ったものがある一方で、まるで石の中でメタルが結晶化したかのように、立方体の角のような突起が見えているものもありました。また管のような形をしていて、ふたつの石が溶け合ったかに見えるものもあります。

「いったいこれは何ですか？」と、私は途方に暮れて尋ねました。

「ボージャイストーンだよ」とオーナーのレオンは笑って言いました。

ボージャイストーンという名も、それまで聞いたことがありませんでしたが、どうもカンザス州のどこかで見つかった石のようです。

両手にひとつずつ石を握ると、私の体内を膨大なエネルギーが駆けめぐり、衝撃を受けたのを今でもはっきりと覚えています。

魔法の使い方

ボージャイストーンは謎に包まれています。専門家のところに持っていきましたが、彼らもこれがいったい何なのか分からないようでした。鉄の結晶のようなものでしょうか？　それとも仮晶（有機体や鉱物の中の物質がほかのもの、この場合はメタルに置き換わること）？　少なくともひとつについては、古代生物の脊椎が化石化し、骨がパイライトの形態に置き換わったものではないかと推測できました。

その正体が何であろうと、ボージャイストーンが力強い防護の波動を発していることは確かです。体内のエネルギーバランスを調整する力があり、心を落ち着かせ、グラウンディングやヒーリング効果もあります。ある女性は、この石を握ると手の痛みがなくなると言っていました。

潜在的な防御能力を目覚めさせてくれるという点で、ボージャイストーンは間違いなく守護の効果があります。

マーキュリー（水銀） *Mercury*

ほかの呼び名	クイックシルバー
エネルギー	陽　陰
支配惑星	水星
支配元素	水　土　風

魔法／儀式にまつわる伝承

　マーキュリー（水銀）──決して固まらない奇妙な輝く溶けた「銀」。不思議で神秘的な水銀は複雑なメタルです。陽と陰、メタルと液体、ふたつの性質を持ち合わせています。

　重量があるため、土の元素に支配されます。液体の状態なので水の元素にも支配され、素早い動きは風の元素にも支配されていることを示唆しています。毒性が極めて強いので、この点から見ると火の元素に支配されているともいえるかもしれません。

　そう、水銀は奇妙な物質なのです。このメタルが魔法で用いられてきたのは、その特異な外見と奇妙な性質のためでしょう。

　たとえば、かつては液体の水銀を手に持ち、スクライングの道具にしていました。球状の透明なガラスに水銀を入れ、コルクでしっかりと栓をし、台座上に上下逆さまに置いたりもしました。

　賭け事のタリスマンとして今日でも有名なものとして、中を空にしたナツメグに水銀を入れ密閉するというものがあります。トランプ、ダイス、競馬、宝くじなどでのツキを願って持ち歩きます。

　けれども水銀は吸い込むことも口にすることも、そして一定時間を超えて触れることも大変危険です。そのため魔法での使用は限られています。

　ルウェリン・パブリケーションズが毎年出版している『The Witches' Almanac』（未訳）の1976年牡羊座〜1997年魚座版で、近代版のウィッチボトル（古い魔よけのお守り）を紹介しています。このお守りには3つのボトルが必要です。いちばん小さなボトルに水銀を入れ、別のボトルの中

に入れます。この2番目のボトルには水を入れ、さらに大きなボトルに入れ、砂や岩、貝殻で覆います。

　この方法は紹介されると非常に人気を博し、多くの人が再び魔法に水銀を使用するようになりました。

　でも魔法には、もっと安全で安価なメタルが使えます。どうか危険な水銀は使わないでください。

メテオライト（隕石） *Meteorite*

ほかの呼び名	エアロリス　エアロライト
エネルギー	陽
支配惑星	なし（メテオライトは宇宙と関連づけられている）
支配元素	アーカーシャ　火
神	地母神
関係の深いパワーストーン	ペリドット　ダイヤモンド
パワー	守護　防御　幽体離脱

魔法／儀式にまつわる伝承

　人類は長きにわたり、メテオライト（隕石）に魅了されてきました。メテオライトは神や女神からの贈り物と考えられていたのです。メッカのカーバ神殿にある石や、フリジアの女神である地母神の象徴とされる石など、一部のメテオライトは神性のシンボルとして崇められてきました。

　中国では、1200年代から4トンもある石を神聖なものとして崇拝してきました。雄牛がかがんだような形をしたこの石は、寺院に祭られています。しかし近年になって、中国人地質学者のチームがこの石を研究し、約1300年前に落下したメテオライトだと結論づけました。以来この石は崇拝の対象からは外されました。

　バビロンでは、メテオライトは強力な魔よけのお守りでした。その奇妙

な見た目と「恐ろしい唸り声」から、あらゆる邪悪なものを取り除くと考えられていたのです。

メテオライトの内部からペリドットが見つかることがよくあります。私も最近ある店で、小さなメテオライトを手に取って調べてみたところ、緑のペリドットの結晶が中に入っているのが分かりました。でもその石は3,000ドルもしたので、私が家に持ち帰ることはありませんでした。

1969年にメキシコに落ちたメテオライトの中から、小さなダイヤモンドが発見されました。私たちの惑星以外で作られたダイヤモンドが見つかったのは、初めてのことです。

地球上の多くの場所で見つかるメテオライトは、生命の起源を解明する鍵として、さまざまな憶測を呼んでいます。石が宇宙から地球に落ちてくるのなら、植物や水、動物、人間が落ちてきても不思議はないとか、メテオライトは魂が肉体を貫く象徴であるとか、または宇宙の力や神の命令、気まぐれの象徴かもしれないなどと議論は尽きないようです。私の友人にいたっては、メテオライトは銀河の彼方からやってきた宇宙船が溶けたものだと言っています。

魔法の使い方

メテオライトは銀河を飛行するに十分なスピードだけでなく、重力に逆らうエネルギーも有しており、地球のものとはまったく異なる物体です。

この特異な石は防御の魔法儀式をより強化するために、補助的に使用するとよいでしょう。祭壇に白いキャンドルを置き、その近くにメテオライトを置きます。あるいは手に持っていてもかまいません。

メテオライトは幽体離脱を行うときにも用いられます。意識的に幽体離脱を試みるときには、小さなメテオライトまたはメテオライトのかけらを枕の下に置いて眠るとよいでしょう。

ご存じと思いますが、メテオライトは比較的安い値段で購入することができます。数日前、サンディエゴにあるルーベン・H・フリート・スペースシアターのギフトショップに行ったのですが、小さなメテオライトが3ドルで売っていました。もちろん喜んで購入しました。

リード (鉛)   *Lead*

エネルギー	陰
支配惑星	土星
支配元素	土
関係の深いハーブ	ローズ　ネトル　ルー　クミン
パワー	予知能力　守護　防御の魔法

魔法／儀式にまつわる伝承

　リード（鉛）は長きにわたって魔法に使用されてきました。古代ギリシアではリードの平板に願いを込め、「words of power（言霊）」と彫っていました。リードは魔法の効果を確実に長続きさせるので、負の魔法によく使われました。

　11世紀のインドではリードの平板にまじないの言葉や図柄を彫り、妊娠を願うときや、作物や果樹の豊作を祈願しました。

魔法の使い方

　リードは重メタルで、体内に取り込むと死を招きます。古代ローマ人がリードの食器や調理器具を使用した結果、この負の作用を発見しました。

　1800年代のイタリアのチャールズ・ゴトフリー・リランドの記録によれば、リードは奇妙な占いに用いられています。

✪ リードから霊性を感じとる魔法

　バラの種を3つ（種はバラの花びらが落ちたあとにできるローズヒップから取ります）、ネトルの葉を3枚、ルーの葉を3枚、クミンの種を3つ用意します。これらを少量のリードと一緒にメタルの皿に入れます。

　深夜、心を落ち着けてから、黄のキャンドル2本に火を灯します。メタルの皿を炎の上にかざし、それから大きな水の入ったボウルを用意しましょう。リードが溶けたら、ハーブの灰とともに水の中に落とします。

リードの塊が冷えたら水から取り出し、その形をじっと見つめます。この儀式にも、またリードそのものにも、霊性に訴えかける力があります。もし形状から何も感じとれない場合は、その塊を枕の下に入れて眠ると、夢が教えてくれるでしょう。

リードは身につけたり、防御の魔法に使用したりすることもできます。玄関近くに置くと、負のエネルギーが侵入するのを防いでくれるでしょう。

ロードストーン（磁石石） *Lodestone*

ほかの呼び名	マグネット　ウェイストーン　マグネティス（古代ギリシア語）　ロードストーン（loadstone）　シャダヌ・サビツ（古代アッシリア語）　ヘラクレスの石　ピエドラ・イマン（現代スペイン語）
エネルギー	陰
支配惑星	金星
支配元素	水
関係の深いハーブ	サンダルウッド　ローズ　ヤロー　ラベンダー
関係の深い星	ポラリス（北極星）
関係の深いパワーストーン	コーラル
関係の深いメタル	アイアン　コッパー　シルバー　ゴールド
パワー	力　ヒーリング　魅力　友情　恋愛　忠誠心　意志　男性機能障害の改善　守護　ビジネス　金運　賭け事

魔法／儀式にまつわる伝承

伝説では、古代ローマにはロードストーンでできたビーナスの像と、鉄でできたマルスの像があったといわれています。神殿でこのふたつの像が近くに配置されると、ビーナスがマルスを引きつけます。おとぎばなしに

も、ロードストーンの力で永久に空中に浮いていた像への賛美がうたわれています。ロードストーンは過去に英雄ヘラクレスと関連づけられていたことで、力とたくましさの象徴となっています。

✪　ロードストーンは生きている？

現代の民族魔術では、ロードストーンは生きていると考えられています。金曜日には石に水を「飲ませる」ために、水を入れた小さなボウルにロードストーンを入れ、太陽の光を存分に浴びさせてから乾かします。そのあと、「食べ物」として鉄くずを振りかけます。

ほかにもロードストーンを赤い袋に入れ、週に1回水と鉄くずを与えるなどやり方はいくつかあるようですが、このようなことが広く信仰されているのです。

数百年前には、ロードストーンが雷を引きつけると信じられていたため、人々は雷が鳴り響く嵐の日には持ち歩きませんでした。

またロードストーンでこすったナイフは磁気を帯びるだけでなく、そのナイフによる傷はどんなに小さくても致命傷になると考えられていました。

かつてロードストーンは、近くにダイヤモンドやニンニクがあるだけで魔力や磁力を失うと信じられていましたが、ジャンバッティスタ・デッラ・ポルタが不朽の名作『自然魔術』（青土社）において、この通説の誤りを証明しました。

にもかかわらず、それを信じている人たちがいましたが、幸運なことに、魔力や磁力を復活させる簡単な方法がありました。亜麻仁油を塗り、ヤギの皮でできた袋に入れ、土をかぶせるのです。ロードストーンは長きにわたり、精力をつけ、男性の性機能障害を改善する目的で使われました。

✪　性の儀式に使われたロードストーン

古代アッシリアでは、ロードストーンは官能を刺激するものとして、性の儀式に使われていました。男性はロードストーンを浸した油で体と男性器をさすることで、性行為において満足感を得られるとされていたので

す。女性はパルティッリ（ロードストーンの粉）またはアイアンの粉を体に塗りつけることで性的魅力を高めました。このような準備をすることで、3000年前のカップルは魔術的に（あるいは霊的に）抑圧を取り払い、快楽を共有したのです。

16世紀になるとインドでは、国王は精力維持のために調理器具をロードストーンで作らせました。

かつては売春婦も客を引きつけるためにロードストーンを持ち歩き、泥棒は捕まらないようにするためにロードストーンをうまく利用しました。

これらの伝承はすべて、ロードストーンの天然の磁気に由来します。天然のロードストーンも人工的に作られた磁石も、鉄を引きつけるという力は同じです。500年前の人々にとって、このような現象は信じがたいもので、ロードストーンには精霊や悪魔が宿っているにちがいないと信じていたのです。

科学的調査により、磁力の仕組みはある程度まで解明されましたが、ロードストーンは今なお魔法や儀式に重用されています。特にメキシコは顕著で、ハーブや魔法用品などを扱う店にはキャンドル、インセンス、メダイユ（聖者の像を描いたメダル）、ヘビ皮、オイルなどと一緒にロードストーンも置かれています。アメリカ国内でもスペイン語を話す地域のお店では、ロードストーンを見つけることができます。数年前に私は、アメリカとメキシコの国境に接する観光地ティファナで、道路に座っていた行商の女性からロードストーンを買ったことがあります。

ロードストーンは、ブードゥー教やアメリカの先住民族魔術においてもよく知られた存在です。ロードストーンを緑（お金の魔法）や赤（恋愛）、白（守護）に塗ることもあります。もっとも、ロードストーンに色を塗ることは魔法的にあまり重要ではありません。石に込めるあなたの強い意志こそが大事なのです。

魔法の使い方

ロードストーンは魔法の効果を高めるために使われるパワーストーンで

す。ハーブのアミュレットやサシェの中に入れたり祭壇に置いたり身につけることで、術者のエネルギーを目覚めさせ、最大限の効果を発揮するのです。中世の儀式的魔法では、武装した男性の絵をロードストーンに彫刻してさらに魔法に力を与えようとしました。

石が大きければ大きいほど、その内に宿るパワーも大きくなります。これはどの石にも当てはまることですが、特にロードストーンにおいては重要な意味を持ちます。サイズが大きいほど磁力が強いからです。

ロードストーンの基本的効能は、物を引きつけることです。天然の磁力を持っているので、魔法においてはモノやエネルギーを引き寄せるために使用されます。つまり、ほぼどんなタイプの魔法にも活用することができるのです。

✪ 引き寄せの魔法

男性のベルトのバックルにロードストーンをつけると、仕事上の成功を招きます。これはロードストーン本来の性質のほかにも、ベルトの位置が「第3のチャクラ」とも呼ばれるへそから5センチほど下につけられることが理由に挙げられるでしょう。このエネルギー中枢は、個人的なパワーや意志と関わりがあります。この第3のチャクラがロードストーンによって刺激され、精神力が強くなり成功へと導いてくれるのです。ちなみに、この魔法はメキシコに伝わるものです。

ロードストーンはその磁力ゆえに、体から病気や痛みを引き出し吸い取る力があります。真のヒーラーは、病人にエネルギーを送り込み、肉体の自然治癒力を促す（体のエネルギーフローバランスを整え、詰まりをなくす）のですが、その際にエネルギーを送る焦点を見つけるためにロードストーンを使います。

ロードストーンは患部の上でかざしてもいいですし、直接のせてもかまいません。特に手足の痛みには有効です。持ち歩く場合は、あらかじめサンダルウッドなどヒーリング効果のあるオイルに浸しておきましょう。ヒーリング儀式で病気を吸収したロードストーンは、使用後に毎回浄化し

てください。

　またリウマチや頭痛の治療、外傷を治すともいわれています。数世紀前には痛風の治療薬として黒い袋にロードストーンを入れ、黒いリボンで首から下げていました。

　シルバーの台座につけた小さなロードストーンは、視野を広げ視界をはっきりさせるといわれ、ゴールドにはめ込まれたものは心臓を強くします。

✪　民間に伝わる疾患を治す魔法

　とてもシンプルな魔法です。ロードストーンを両手に持ち、病気が体から抜けて石に吸収される様子を視覚化しながら、石を激しく振ります。その後1週間、ロードストーンを土に埋めておきます。

　ヒーリングに用いて病気を吸収したロードストーンは、使用後に毎回浄化するか、もし身につけている場合は週に1回程度のペースで浄化しましょう。

　ロードストーンは身につけたり持ち歩いたりすることで、友情を引き寄せます。新しい場所に引っ越したときや、知らない人と一緒に仕事をするときには、ぜひロードストーンをポケットに忍ばせましょう。新しい友人がすぐにできるはずです。

✪　愛を引き寄せる魔法

　もちろん愛を引き寄せる目的にも大いに効果を発揮します。特に指輪にすると、ロードストーンは鉄だけでなく相手の心をも引きつけてくれます。

　ピンクか赤のキャンドルを円状に並べ、その円の中心にロードストーンをふたつ置いて、心を寄せる相手と交際している場面を思い描きます。強い絆と愛が塊のようになって引き寄せられる様子を視覚化しましょう。

　同じ目的で、小さな赤い袋にロードストーンをふたつ入れて持ち歩くこともよくあります。ローズ、ヤロー、ラベンダーなど愛を引き寄せるハーブや、同じく愛を引き寄せるコッパーを入れることもあります。

ロードストーンは身につけていれば、恋愛におけるトラブルを解消し、怒りを鎮め、心からのコミュニケーションがとれるように調整してくれるのです。

ロードストーンのついたコーラルのネックレスは、かつて安産のお守りとして妊婦が大事に身につけていました。

アメリカの先住民族魔術では、女性がロードストーンを身につけると、放浪癖のある夫を家に連れ戻すことができるといわれています。つまり義務感や貞節心を刺激してくれるのです。ただ、これは人の心を操作することになりかねないため注意が必要です。

あなたが恋愛して家族をもってから、特に子供が生まれてからは、人生の大半をパートナーや家族に捧げてきたことと思います。捧げるというのは強い絆も築き上げてきたという意味です。

貞節心を求める魔法では、パートナーにそっと義務を思い出させる程度にとどめておきましょう。もしそれで関係が終わるとしたら、その程度のものだったということです。この世に存在するどんな魔法やロードストーンをもってしても、愛が生み出す高揚感や満ち足りた喜びを再現することはできません。もし魔法で相手を虜にできたとしたら、それは本当の愛ではありません。愛とは育んでいくものなのです。

✪ 男性機能障害を改善させる魔法

男性機能障害に悩んでいる男性がいたら、石を陰の手に持ち、喜びにあふれた性的場面を思い浮かべてください。そのあと石を持ち歩くか、ベッドのマットレスの下に入れて、ロードストーンのパワーを解き放ちます。ロードストーンと視覚化が、病気の背後にある原因に働きかけて根絶してくれるでしょう。

ロードストーンは身につけても、家に置いても、また持ち歩いても強力なお守りとなります。大きなロードストーンのまわりに白いキャンドルを並べて火を灯すと、守護のエネルギーを発し、家中に行き渡らせてくれま

す。負のエネルギーを吸収しますが、跳ね返すことはありません。そのため満月のたびに塩水につけて浄化する必要があります。

　ロードストーンを常にふたつ持ち歩く人もいます。ひとつは守護のため、もうひとつは幸運を呼び込むためです。古代スペインではロードストーンを持ち歩くとスチールやリード、火、水のあらゆる危険から身を守ってくれると考えられていました。

　意志が弱い人は（意志とは目標に向かって行動すること）、「意志を強くしてください」と念じながら、毅然と行動する自分をイメージして石にパワーを込めましょう。その後石を持ち歩き、石が送ってくるエネルギーを活用します。自信にあふれた自分を想像しながら、下を見るときには石をへその5センチ下あたりに押し当てましょう。

✪ お金やビジネスの成功を招く魔法

　緑の袋にロードストーンを入れ、銀貨あるいは少量のゴールド、またはパチョリやクローブ、トンカ豆などのお金を引き寄せるハーブを加えます。実業家なら、キャッシュレジスターか金庫に願いを込めたロードストーンを入れるのもよいでしょう。またロードストーンのまわりに並べた緑のキャンドルに火を灯すと、顧客が引き込まれてきます。

　ロードストーンを賭け事の強力なお守りだと考える人もいます。ギャンブルをするとき、幸運を祈って持ち歩くとよいでしょう。

パート4

補足情報

パート2の分類リスト

　ここで挙げるリストは、パート2で紹介した情報の一部（全部ではありません）をまとめたものです。さっと確認したいときに活用してください。

　パート4は、エネルギー、支配惑星、支配元素、魔法の目的、魔法における代用となる石、誕生石の6つの要素で構成されています。

　時間とページ数の都合上、本項のリストでは石に関する情報のみを取り上げています。

　前にも申し上げましたが、これらの分類はあくまで参考です。私には効果がありましたが、あなたにも効果があるとはかぎりません。ここでの分類がうまくいかないときは、自分なりの分類を作成してみてください。

　　　　　　　　　　※アルファベット順になっています。

エネルギー

✪ PROJECTIVE／陽性

　陽性の石はエネルギッシュで、ヒーリング、守護、厄よけに効果を発揮し、知性、幸運、成功、意志、勇気、自信をもたらします。

　　Agate, banded／バンデッドアゲート
　　Agate, black／ブラックアゲート
　　Agate, brown／ブラウンアゲート
　　Agate, red／レッドアゲート
　　Amber／アンバー
　　Apache tear／アパッチティアーズ
　　Asbestos／アスベスト
　　Aventurine／アベンチュリン
　　Bloodstone／ブラッドストーン
　　Calcite, orange／オレンジカルサイト
　　Carnelian／カーネリアン
　　Cat's-eye／キャッツアイ
　　Citrine／シトリン
　　Cross stone／キャストライト
　　Crystal, quartz／水晶
　　Crystal, quartz, Herkimer／ハーキマーダイヤモンド
　　Crystal, quartz, rutilated／ルチルインクォーツ
　　Crystal, quartz, tourmalated／トルマリンインクォーツ
　　Diamond／ダイヤモンド
　　Flint／フリント
　　Fluorite／フローライト
　　Garnet／ガーネット
　　Hematite／ヘマタイト

Jasper, mottled／モトルドジャスパー
Jasper, red／レッドジャスパー
Lava／ラバ
Mica／マイカ
Obsidian／オブシディアン
Onyx／オニキス
Opal／オパール
Pipestone／パイプストーン
Pumice／パミス
Rhodochrosite／ロードクロサイト
Rhodonite／ロードナイト
Ruby／ルビー
Sard／サード
Sardonyx／サードオニキス
Serpentine／サーペンティン
Sphene／スフェーン
Spinel／スピネル
Sunstone／サンストーン
Tiger's-eye／タイガーズアイ
Topaz／トパーズ
Tourmaline, red／レッドトルマリン
Zircon／ジルコン

✪ RECEPTIVE／陰性

陰性の石は心を静め、ストレスを取り除く効果があります。恋愛、知恵、共感、雄弁、睡眠、夢、友情、成長、忠誠心、繁栄、魂、サイキズム、神秘などと関連性があります。

Agate, blue lace／ブルーレースアゲート
Agate, green／グリーンアゲート

Agate, moss／モスアゲート
Alum／アルム
Amethyst／アメジスト
Aquamarine／アクアマリン
Azurite／アズライト
Beryl／ベリル
Calcite, blue／ブルーカルサイト
Calcite, green／グリーンカルサイト
Calcite, pink／ピンクカルサイト
Celestite／セレスタイト
Chalcedony／カルセドニー
Chrysocolla／クリソコラ
Chrysoprase／クリソプレーズ
Coal／コール
Coral／コーラル
Cross stone／キャストライト
Crystal, quartz／水晶
Crystal, quartz, blue／ブルークォーツ
Crystal, quartz, green／グリーンクォーツ
Crystal, quartz, rose／ローズクォーツ
Crystal, quartz, smoky／スモーキークォーツ
Emerald／エメラルド
Fossils／化石
Geodes／ジオード
Holey stones／穴あき石
Jade／ジェイド
Jasper, brown／ブラウンジャスパー
Jasper, green／グリーンジャスパー
Jet／ジェット
Kunzite／クンツァイト

Lapis lazuli／ラピスラズリ
Malachite／マラカイト
Marble／マーブル
Moonstone／ムーンストーン
Mother-of-pearl／マザーオブパール
Olivine／オリビン
Opal／オパール
Pearl／パール
Peridot／ペリドット
Petrified wood／ペトリファイドウッド
Salt／ソルト
Sapphire／サファイア
Selenite／セレナイト
Sodalite／ソーダライト
Sugilite／スギライト
Tourmaline, black／ブラックトルマリン
Tourmaline, blue／ブルートルマリン
Tourmaline, green／グリーントルマリン
Tourmaline, pink／ピンクトルマリン
Turquoise／ターコイズ

支配惑星

✪ SUN／太陽

　法律問題、ヒーリング、守護、成功、啓蒙、魔法的エネルギー、肉体的エネルギーにおいて効果を表します。

使用するキャンドルの色………オレンジまたはゴールド

- Amber／アンバー
- Calcite, orange／オレンジカルサイト
- Carnelian／カーネリアン
- Crystal, quartz／水晶
- Diamond／ダイヤモンド
- Pipestone／パイプストーン
- Sulfur／サルファー
- Sunstone／サンストーン
- Tiger's-eye／タイガーズアイ
- Topaz／トパーズ
- Zircon／ジルコン

✪ MOON／月

　睡眠、予知夢、ガーデニング、恋愛、ヒーリング、海、家庭、妊娠、平和、共感、魂に関する魔法に適しています。

使用するキャンドルの色………白またはシルバー

- Aquamarine／アクアマリン
- Beryl／ベリル
- Chalcedony／カルセドニー
- Crystal, quartz／水晶
- Moonstone／ムーンストーン

Mother-of-pearl／マザーオブパール
Pearl／パール
Sapphire／サファイア
Selenite／セレナイト

✪ MERCURY／水星

精神力を強くし、雄弁、占い、予知、勉学、自己啓発、コミュニケーション、旅行、知恵などに関連しています。

使用するキャンドルの色………黄

Agate／アゲート
Aventurine／アベンチュリン
Jasper, mottled／モトルドジャスパー
Mica／マイカ
Pumice／パミス

✪ VENUS／金星

恋愛、忠誠心、和解、交換、美容、若さ、幸福、喜び、幸運、友情、共感、瞑想などを促す魔法や、女性に関する魔法に有効です。

使用するキャンドルの色………緑

Azurite／アズライト
Calcite, blue／ブルーカルサイト
Calcite, green／グリーンカルサイト
Calcite, pink／ピンクカルサイト
Cat's-eye／キャッツアイ
Chrysocolla／クリソコラ
Chrysoprase／クリソプレーズ
Coral／コーラル
Emerald／エメラルド

Jade／ジェイド
Jasper, green／グリーンジャスパー
Kunzite／クンツァイト
Lapis lazuli／ラピスラズリ
Malachite／マラカイト
Olivine／オリビン
Peridot／ペリドット
Sodalite／ソーダライト
Tourmaline, blue／ブルートルマリン
Tourmaline, green／グリーントルマリン
Tourmaline, pink／ピンクトルマリン
Tourmaline, watermelon／ウォーターメロントルマリン
Turquoise／ターコイズ

✪ MARS／火星

勇気、攻めの姿勢、術後のヒーリング、肉体的な強さ、政治、性的エネルギー、厄よけ、守護、防御に効果を発揮し、男性に関する魔法に適しています。

使用するキャンドルの色………赤

Asbestos／アスベスト
Bloodstone／ブラッドストーン
Flint／フリント
Garnet／ガーネット
Jasper, red／レッドジャスパー
Lava／ラバ
Onyx／オニキス
Pipestone／パイプストーン
Rhodochrosite／ロードクロサイト
Rhodonite／ロードナイト

Ruby／ルビー
Sard／サード
Sardonyx／サードオニキス
Tourmaline, red／レッドトルマリン
Tourmaline, watermelon／ウォーターメロントルマリン

★ JUPITER／木星

霊性、瞑想、サイキズム、宗教的儀式に関連しています。

使用するキャンドルの色………紫

Amethyst／アメジスト
Lepidolite／レピドライト
Sugilite／スギライト

★ SATURN／土星

グラウンディング、センタリング、守護、浄化、幸運に関わる魔法で効果を発揮します。

使用するキャンドルの色………灰色まはた茶色

Alum／アルム
Apache tear／アパッチティアーズ
Coal／コール
Hematite／ヘマタイト
Jasper, brown／ブラウンジャスパー
Jet／ジェット
Obsidian／オブシディアン
Onyx／オニキス
Salt／ソルト
Serpentine／サーペンティン
Tourmaline, black／ブラックトルマリン

天王星、海王星、冥王星のエネルギーについては、私もほかの著者や魔術師と同様、活用しはじめたばかりです。この３つの惑星は、古代魔法においては知られていませんでした。これらの惑星に関する情報はまだ限られており、見解もさまざまです。将来的には、より多くの石がこれらの惑星の影響を受けていると判明するでしょう。それまでの暫定版ではありますが、海王星、冥王星の支配下にあると思われる石を以下に挙げておきます（複数の惑星から同時に支配されている石もあります）。

✪ NEPTUNE／海王星

　　Amethyst／アメジスト
　　Celestite／セレスタイト
　　Lepidolite／レピドライト
　　Mother-of-pearl／マザーオブパール
　　Turquoise／ターコイズ

✪ PLUTO／冥王星

　　Kunzite／クンツァイト
　　Spinel／スピネル
　　Crystal, quartz, tourmalated／トルマリンインクォーツ

支配元素

✪ EARTH／土

平和、エネルギーのグラウンディングおよびセンタリング、出産、金運、ビジネスの成功、安定性、ガーデニング、農業に関連しています。

使用するキャンドルの色………緑

Agate, green／グリーンアゲート
Agate, moss／モスアゲート
Alum／アルム
Calcite, green／グリーンカルサイト
Cat's-eye／キャッツアイ
Chrysoprase／クリソプレーズ
Coal／コール
Emerald／エメラルド
Jasper, brown／ブラウンジャスパー
Jasper, green／グリーンジャスパー
Jet／ジェット
Kunzite／クンツァイト
Malachite／マラカイト
Olivine／オリビン
Peridot／ペリドット
Salt／ソルト
Stalagmite／スタラグマイト
Stalactite／スタラクタイト
Tourmaline, black／ブラックトルマリン
Tourmaline, green／グリーントルマリン
Turquoise／ターコイズ

✪ AIR／風

コミュニケーション、旅行、知性をつかさどる元素です。

使用するキャンドルの色………黄

　　Aventurine／アベンチュリン
　　Jasper, mottled／モトルドジャスパー
　　Mica／マイカ
　　Pumice／パミス
　　Sphene／スフェーン

✪ FIRE／火

守護、防御、魔法的エネルギー、肉体的エネルギー、勇気、意志（ダイエットなど）、浄化に関連しています。

使用するキャンドルの色………赤

　　Agate, banded／バンデッドアゲート
　　Agate, black／ブラックアゲート
　　Agate, brown／ブラウンアゲート
　　Agate, red／レッドアゲート
　　Amber／アンバー
　　Apache tear／アパッチティアーズ
　　Asbestos／アスベスト
　　Bloodstone／ブラッドストーン
　　Carnelian／カーネリアン
　　Citrine／シトリン
　　Crystal, quartz／水晶
　　Diamond／ダイヤモンド
　　Flint／フリント
　　Garnet／ガーネット
　　Hematite／ヘマタイト

Jasper, red／レッドジャスパー
Lava／ラバ
Obsidian／オブシディアン
Onyx／オニキス
Pipestone／パイプストーン
Rhodochrosite／ロードクロサイト
Ruby／ルビー
Sard／サード
Sardonyx／サードオニキス
Serpentine／サーペンティン
Spinel／スピネル
Sulfur／サルファー
Sunstone／サンストーン
Tiger's-eye／タイガーズアイ
Topaz／トパーズ
Tourmaline, red／レッドトルマリン
Tourmaline, watermelon／ウォーターメロントルマリン
Zircon／ジルコン

✪ WATER／水

　恋愛、ヒーリング、共感、和解、友情、浄化、ストレスの緩和、平和、睡眠、夢、サイキズムに関連しています。

Agate, blue lace／ブルーレースアゲート
Amethyst／アメジスト
Aquamarine／アクアマリン
Azurite／アズライト
Beryl／ベリル
Calcite, blue／ブルーカルサイト
Jade／ジェイド

Lapis lazuli／ラピスラズリ
Lepidolite／レピドライト
Moonstone／ムーンストーン
Mother-of-pearl／マザーオブパール
Pearl／パール
Calcite, pink／ピンクカルサイト
Celestite／セレスタイト
Chalcedony／カルセドニー
Chrysocolla／クリソコラ
Coral／コーラル
Crystal, quartz／水晶
Geodes／ジオード
Holey stones／穴あき石
Sapphire／サファイア
Selenite／セレナイト
Sodalite／ソーダライト
Sugilite／スギライト
Tourmaline, blue／ブルートルマリン
Tourmaline, green／グリーントルマリン
Tourmaline, pink／ピンクトルマリン

✪ AKASHA／アーカーシャ

　アーカーシャは第5の元素で、通常、支配される石の起源は有機体にあります。つまり生きた生物、または、はるか昔に絶滅した動植物の化石から産出します。長寿や前世の記憶の覚醒など、さまざまな魔法に使用することができます。

Amber／アンバー
Coral／コーラル
Fossils／化石

Jet／ジェット
Mother-of-pearl／マザーオブパール
Petrified wood／ペトリファイドウッド

魔法の目的

　以下のリストでは、魔法の目的別に適した石を記しています。すべての目的を網羅しているわけではありません。

- ✪ **ASTRAL PROJECTION／幽体離脱**
    Crystal, quartz, tourmalated／トルマリンインクォーツ
    Opal／オパール

- ✪ **BEAUTY／美容**
    Amber／アンバー
    Cat's-eye／キャッツアイ
    Jasper／ジャスパー
    Opal／オパール
    Zircon, orange／オレンジジルコン

- ✪ **BUSINESS SUCCESS／ビジネスの成功**
    Bloodstone／ブラッドストーン
    Malachite／マラカイト
    Tourmaline, green／グリーントルマリン
    Zircon, yellow／イエロージルコン

- ✪ **CENTERING／センタリング**
    Calcite／カルサイト
    Zircon, brown／ブラウンジルコン
    　　（「グラウンディング」も参照）

- ✪ **CHILDBIRTH／出産**
    Geodes／ジオード

Pumice／パミス
Sard／サード

★ COURAGE／勇気
Agate／アゲート
Amethyst／アメジスト
Aquamarine／アクアマリン
Bloodstone／ブラッドストーン
Carnelian／カーネリアン
Diamond／ダイヤモンド
Lapis lazuli／ラピスラズリ
Sard／サード
Sardonyx／サードオニキス
Tiger's-eye／タイガーズアイ
Tourmaline, red／レッドトルマリン
Turquoise／ターコイズ

★ DEFENSIVE MAGIC／防御
Lava／ラバ
Onyx／オニキス
Sapphire／サファイア

★ DIETING／ダイエット
Moonstone／ムーンストーン
Topaz／トパーズ

★ DIVINATION／占い　予知
Azurite／アズライト
Flint／フリント
Hematite／ヘマタイト

Jet／ジェット
Mica／マイカ
Moonstone／ムーンストーン
Obsidian／オブシディアン
Tiger's-eye／タイガーズアイ

✪ DREAMS／夢
Amethyst／アメジスト
Azurite／アズライト

✪ ELOQUENCE／雄弁
Carnelian／カーネリアン
Celestite／セレスタイト
Sardonyx／サードオニキス

✪ FRIENDSHIP／友情
Chrysoprase／クリソプレーズ
Tourmaline, pink／ピンクトルマリン
Turquoise／ターコイズ

✪ GAMBLING／ギャンブル
Amazonite／アマゾナイト
Aventurine／アベンチュリン
Cat's-eye／キャッツアイ

✪ GARDENING／ガーデニング
Agate／アゲート
Jade／ジェイド
Malachite／マラカイト
Zircon, brown／ブラウンジルコン

★ **GROUNDING／グラウンディング**
　Hematite／ヘマタイト
　Kunzite／クンツァイト
　Moonstone／ムーンストーン
　Obsidian／オブシディアン
　Salt／ソルト
　Tourmaline, black／ブラックトルマリン

★ **HAPPINESS／幸福**
　Amethyst／アメジスト
　Chrysoprase／クリソプレーズ
　Zircon, yellow／イエロージルコン

★ **HEALING, HEALTH／ヒーリング　健康**
　Agate／アゲート
　Amber／アンバー
　Amethyst／アメジスト
　Aventurine／アベンチュリン
　Azurite／アズライト
　Bloodstone／ブラッドストーン
　Calcite／カルサイト
　Carnelian／カーネリアン
　Cat's-eye／キャッツアイ
　Celestite／セレスタイト
　Chrysoprase／クリソプレーズ
　Coral／コーラル
　Crystal, quartz／水晶
　Diamond／ダイヤモンド
　Flint／フリント
　Garnet／ガーネット

Hematite／ヘマタイト
Holey stones／穴あき石
Jade／ジェイド
Jasper／ジャスパー
Jet／ジェット
Lapis lazuli／ラピスラズリ
Peridot／ペリドット
Petrified wood／ペトリファイドウッド
Sapphire／サファイア
Sodalite／ソーダライト
Staurolite／スタウロライト
Sugilite／スギライト
Sulfur／サルファー
Sunstone／サンストーン
Topaz／トパーズ
Turquoise／ターコイズ
Zircon, red／レッドジルコン

✪ LONGEVITY／長寿

Agate／アゲート
Fossils／化石
Jade／ジェイド
Petrified wood／ペトリファイドウッド

✪ LOVE／恋愛

Agate／アゲート
Alexandrite／アレキサンドライト
Amber／アンバー
Amethyst／アメジスト
Beryl／ベリル

Calcite／カルサイト
Chrysocolla／クリソコラ
Emerald／エメラルド
Jade／ジェイド
Lapis lazuli／ラピスラズリ
Lepidolite／レピドライト
Malachite／マラカイト
Moonstone／ムーンストーン
Olivine／オリビン
Pearl／パール
Rhodochrosite／ロードクロサイト
Sapphire／サファイア
Sard／サード
Topaz／トパーズ
Tourmaline, pink／ピンクトルマリン
Turquoise／ターコイズ

✪ LUCK／幸運

Alexandrite／アレキサンドライト
Amber／アンバー
Apache tear／アパッチティアーズ
Aventurine／アベンチュリン
Chalcedony／カルセドニー
Chrysoprase／クリソプレーズ
Cross stone／キャストライト
Jet／ジェット
Lepidolite／レピドライト
Olivine／オリビン
Opal／オパール
Pearl／パール

Sardonyx／サードオニキス
Tiger's-eye／タイガーズアイ
Turquoise／ターコイズ

★ **MAGICAL POWER／魔力**
Bloodstone／ブラッドストーン
Crystal, quartz／水晶
Malachite／マラカイト
Opal／オパール
Ruby／ルビー

★ **MEDITATION／瞑想**
Geodes／ジオード
Sapphire／サファイア
Sodalite／ソーダライト

★ **MENTAL POWERS／精神力**
Aventurine／アベンチュリン
Emerald／エメラルド
Fluorite／フローライト
Sphene／スフェーン
Zircon／ジルコン

★ **MONEY, WEALTH, PROSPERITY, RICHES／金運　富　繁栄　裕福**
Aventurine／アベンチュリン
Bloodstone／ブラッドストーン
Calcite／カルサイト
Cat's-eye／キャッツアイ
Chrysoprase／クリソプレーズ

Coal／コール
Emerald／エメラルド
Jade／ジェイド
Mother-of-pearl／マザーオブパール
Olivine／オリビン
Opal／オパール
Pearl／パール
Peridot／ペリドット
Ruby／ルビー
Salt／ソルト
Sapphire／サファイア
Spinel／スピネル
Staurolite／スタウロライト
Tiger's-eye／タイガーズアイ
Topaz／トパーズ
Tourmaline, green／グリーントルマリン
Zircon, brown, green, red／ブラウンジルコン、グリーンジルコン、レッドジルコン

★ **NIGHTMARES, to HALT／悪夢よけ**
Chalcedony／カルセドニー
Citrine／シトリン
Holey stones／穴あき石
Jet／ジェット
Lepidolite／レピドライト
Ruby／ルビー

★ **PEACE／平和**
Amethyst／アメジスト

Aquamarine／アクアマリン
Aventurine／アベンチュリン
Calcite／カルサイト
Carnelian／カーネリアン
Chalcedony／カルセドニー
Chrysocolla／クリソコラ
Coral／コーラル
Diamond／ダイヤモンド
Kunzite／クンツァイト
Lepidolite／レピドライト
Malachite／マラカイト
Obsidian／オブシディアン
Rhodochrosite／ロードクロサイト
Rhodonite／ロードナイト
Sapphire／サファイア
Sardonyx／サードオニキス
Sodalite／ソーダライト
Tourmaline, blue／ブルートルマリン

✪ PHYSICAL ENERGY／肉体的エネルギー

Beryl／ベリル
Calcite／カルサイト
Rhodochrosite／ロードクロサイト
Selenite／セレナイト
Spinel／スピネル
Sunstone／サンストーン
Tiger's-eye／タイガーズアイ
Tourmaline, red／レッドトルマリン
Zircon, red／レッドジルコン

★ PHYSICAL STRENGTH／体力

Agate／アゲート
Amber／アンバー
Beryl／ベリル
Bloodstone／ブラッドストーン
Diamond／ダイヤモンド
Garnet／ガーネット

★ PROTECTION／守護

Agate／アゲート
Alum／アルム
Amber／アンバー
Apache tear／アパッチティアーズ
Asbestos／アスベスト
Calcite／カルサイト
Carnelian／カーネリアン
Cat's-eye／キャッツアイ
Chalcedony／カルセドニー
Chrysoprase／クリソプレーズ
Citrine／シトリン
Coral／コーラル
Crystal, quartz／水晶
Diamond／ダイヤモンド
Emerald／エメラルド
Flint／フリント
Fossils／化石
Garnet／ガーネット
Holey stones／穴あき石
Jade／ジェイド
Jasper／ジャスパー

Jet／ジェット
Lapis lazuli／ラピスラズリ
Lava／ラバ
Lepidolite／レピドライト
Malachite／マラカイト
Marble／マーブル
Mica／マイカ
Moonstone／ムーンストーン
Mother-of-pearl／マザーオブパール
Obsidian／オブシディアン
Olivine／オリビン
Onyx／オニキス
Pearl／パール
Peridot／ペリドット
Petrified wood／ペトリファイドウッド
Pumice／パミス
Ruby／ルビー
Salt／ソルト
Sard／サード
Sardonyx／サードオニキス
Serpentine／サーペンティン
Staurolite／スタウロライト
Sulfur／サルファー
Sunstone／サンストーン
Tiger's-eye／タイガーズアイ
Topaz／トパーズ
Tourmaline, black／ブラックトルマリン
Tourmaline, red／レッドトルマリン
Turquoise／ターコイズ
Zircon, clear／クリアジルコン

Zircon, red／レッドジルコン

★ PSYCHISM／サイキズム
Amethyst／アメジスト
Aquamarine／アクアマリン
Azurite／アズライト
Beryl／ベリル
Citrine／シトリン
Crystal, quartz／水晶
Emerald／エメラルド
Holey stones／穴あき石
Lapis lazuli／ラピスラズリ

★ PURIFICATION／浄化
Aquamarine／アクアマリン
Calcite／カルサイト
Salt／ソルト

★ RECONCILIATION／和解
Diamond／ダイヤモンド
Selenite／セレナイト

★ SEXUAL ENERGY／性的エネルギー
Carnelian／カーネリアン
Sunstone／サンストーン
Zircon, yellow／イエロージルコン

★ SLEEP／安眠
Moonstone／ムーンストーン
Peridot／ペリドット

Tourmaline, blue／ブルートルマリン

★ **SPIRITUALITY／霊性**
Calcite／カルサイト
Diamond／ダイヤモンド
Lepidolite／レピドライト
Sphene／スフェーン
Sugilite／スギライト

★ **SUCCESS／成功**
Amazonite／アマゾナイト
Chrysoprase／クリソプレーズ
Marble／マーブル

★ **TRAVEL／旅行**
Chalcedony／カルセドニー
Zircon, orange／オレンジジルコン

★ **WISDOM／知恵**
Chrysocolla／クリソコラ
Coral／コーラル
Jade／ジェイド
Sodalite／ソーダライト
Sugilite／スギライト

代用となる石のリスト

　魔法を行う際に目的に必要な石が手元になかったとき、あるいは高価すぎて手に入らないときに、代わりに使用できる石の一覧です。ほかにも効果のある石はありますが、ここでは主要な石を紹介しておきましょう。

Amazonite／アマゾナイト　→　Aventurine／アベンチュリン

Aquamarine／アクアマリン　→　Beryl／ベリル
　　　　　　　　　　　　　　　Emerald／エメラルド

Aventurine／アベンチュリン　→　Amazonite／アマゾナイト

Beryl／ベリル　→　Aquamarine／アクアマリン
　　　　　　　　　Emerald／エメラルド

Carnelian／カーネリアン　→　Coral／コーラル
　　　　　　　　　　　　　　Jasper, red／レッドジャスパー
　　　　　　　　　　　　　　Sard／サード

Cat's-eye／キャッツアイ　→　Tiger's-eye／タイガーズアイ

Chrysocolla／クリソコラ　→　Turquoise／ターコイズ

Citrine／シトリン　→　Topaz／トパーズ

Coral／コーラル　→　Carnelian／カーネリアン
　　　　　　　　　　Jasper, red／レッドジャスパー

Cross stone／キャストライト　→　Staurolite／スタウロライト

Diamond／ダイヤモンド　→　Diamond, Herkimer／ハーキマーダイヤモンド
　　　　　　　　　　　　　　Crystal, quartz／水晶
　　　　　　　　　　　　　　Zircon／ジルコン

Emerald／エメラルド	→	Aquamarine／アクアマリン Beryl／ベリル Tourmaline, green／グリーントルマリン Peridot／ペリドット
Garnet／ガーネット	→	Tourmaline, red／レッドトルマリン Ruby／ルビー
Jade／ジェイド	→	Jasper, green／グリーンジャスパー Tourmaline, green／グリーントルマリン
Jasper, green／グリーンジャスパー	→	Jade／ジェイド
Jasper, red／レッドジャスパー	→	Carnelian／カーネリアン
Jet／ジェット	→	Obsidian／オブシディアン
Kunzite／クンツァイト	→	Tourmaline, pink／ピンクトルマリン
Lapis lazuli／ラピスラズリ	→	Sodalite／ソーダライト
Moonstone／ムーンストーン	→	Mother-of-pearl／マザーオブパール
Olivine／オリビン	→	Tourmaline, green／グリーントルマリン Peridot／ペリドット
Pearl／パール	→	Moonstone／ムーンストーン Mother-of-pearl／マザーオブパール
Peridot／ペリドット	→	Tourmaline, green／グリーントルマリン Olivine／オリビン
Ruby／ルビー	→	Garnet／ガーネット Tourmaline, red／レッドトルマリン
Sapphire／サファイア	→	Amethyst／アメジスト Tourmaline, blue／ブルートルマリン Zircon, blue／ブルージルコン
Sard／サード	→	Carnelian／カーネリアン

Sodalite／ソーダライト	→	Lapis lazuli／ラピスラズリ
Staurolite／スタウロライト	→	Cross stone／キャストライト
Sugilite／スギライト	→	Lapis lazuli／ラピスラズリ
Sunstone／サンストーン	→	Carnelian／カーネリアン
Tiger's-eye／タイガーズアイ	→	Cat's-eye／キャッツアイ
Topaz／トパーズ	→	Citrine／シトリン Tourmaline, yellow／イエロートルマリン
Tourmaline, blue／ブルートルマリン	→	Zircon, blue／ブルージルコン
Tourmaline, green／グリーントルマリン	→	Olivine／オリビン Peridot／ペリドット
Tourmaline, red／レッドトルマリン	→	Garnet／ガーネット Ruby／ルビー
Turquoise／ターコイズ	→	Chrysocolla／クリソコラ

注：水晶、オパールは視覚化を行うことによって、あらゆる石の魔法的特性をチャージできます。

誕生石

　本書では誕生石について触れるのをあえて避けてきました。各星座の石について書かれた書籍は、ほかにたくさんあるからです。またどれが正しい誕生石かについては意見が分かれている、というのも理由のひとつです。

　誕生石というのは古代魔法にはなかったのですが、今日ではよく知られていますし、多少は触れておかないと、このジャンルの本としては不完全になってしまうでしょう。そこでリストを作成しました。

　あらゆる魔法的象徴に当てはまることですが、以下の相関関係はあくまで参考です。基本的には、各星座の支配惑星に基づいて記しています。

　もし自分の誕生石だからという理由でその石を身につけるなら、あなたの人生にその石の持つ効果をもたらしたいと思える場合のみにしておきましょう。

✪　ARIES／牡羊座
　　Bloodstone／ブラッドストーン
　　Garnet／ガーネット
　　Ruby／ルビー

✪　TAURUS／牡牛座
　　Emerald／エメラルド
　　Jade／ジェイド
　　Lapis lazuli／ラピスラズリ

✪　GEMINI／双子座
　　Agate／アゲート
　　Aventurine／アベンチュリン

- ★ **CANCER／蟹座**
  Beryl／ベリル
  Moonstone／ムーンストーン
  Sapphire／サファイア

- ★ **LEO／獅子座**
  Amber／アンバー
  Carnelian／カーネリアン
  Diamond／ダイヤモンド
  Topaz／トパーズ

- ★ **VIRGO／乙女座**
  Agate／アゲート
  Aventurine／アベンチュリン

- ★ **LIBRA／天秤座**
  Chrysoprase／クリソプレーズ
  Lapis lazuli／ラピスラズリ
  Turquoise／ターコイズ

- ★ **SCORPIO／蠍座**
  Kunzite／クンツァイト
  Spinel／スピネル
  Crystal, quartz, tourmalated／トルマリンインクォーツ

- ★ **SAGITTARIUS／射手座**
  Amethyst／アメジスト
  Sugilite／スギライト

★ **CAPRICORN／山羊座**
Apache tear／アパッチティアーズ
Hematite／ヘマタイト
Onyx／オニキス

★ **AQUARIUS／水瓶座**
Aquamarine／アクアマリン
Fossils／化石
Jet／ジェット

★ **PISCES／魚座**
Amethyst／アメジスト
Sugilite／スギライト

用語集

※『』で示した語句は、この用語集に含まれていますので参照してください。

アーカーシャ／Akasha
第5の元素。虚空。世界的に行きわたっている普遍的なスピリチュアルパワーのこと。宇宙空間や大気圏、アンマニフェスト、ライフフォースと関連がある。『元素』を参照。

アミュレット／Amulet
エネルギーを跳ね返す魔力を宿したもの。お守りになり、身につけたり持ち歩いたりする。『タリスマン』を参照。

陰性のエネルギー／Receptive energy
磁気的で鎮静作用があり、エネルギーを引きつける。瞑想、恋愛、平穏、静寂の促進に用いられる。陽性のエネルギーの反対。

陰の手／Receptive hand
右利きの人にとっては左手。左利きの人にとっては右手。エネルギーはこの手を通じて体の中に取り込まれる。

陰陽／Ying/yang
エネルギーの二大支柱。陰陽は世界をエネルギーで分類する仕組みのひとつ。陰は陰性のエネルギー、陽は陽性のエネルギーに相当する。『陰性のエネルギー』『陽性のエネルギー』を参照。

ウイッカ／Wicca

　現代における多神教。シャーマニズム（『シャーマニズム』を参照）および神々の顕現としての自然を崇敬する最も古い時代に起源をもつ。すべての生命の根源である宇宙エネルギーや神々への畏敬の念が特徴である。

占い／Divination

　雲、水晶玉、石の輝き、タロットカード、炎、ペンデュラム（『ペンデュラム』参照）、煙などに現れるランダムな模様やシンボルを解釈することによって、未来を予測する魔法技術。道具を巧みに操作しながら儀式を通して、潜在意識に働きかける。潜在意識と容易に交信できる人には占いは必要ない。

エレクトラム（合金）／Electrum

　ゴールドとシルバーなど、さまざまなメタルから成る。自然界で見つかることはまれだが、魔法においては長い歴史がある。

カフナ／Kahuna

　古代ハワイの哲学、科学、魔法における枠組みの専門家のこと。魔術師であり司祭。

カボション／Cabochon

　石のカット法、およびラウンド、オーバル（卵形）、1カ所だけ鈍角があるスクエアの形に研磨された石のこと。宝飾品によく用いられる。

元素（エレメント）／Elements

　土、風、火、水のこと。この4つの元素は世界を組み立てる成分である。存在するもの（または存在する可能性のあるもの）はすべて、これらのエネルギーのうち、ひとつまたは複数を含んでいる。元素は世界に浮遊しており、私たち自身の中にも存在する。また元素を使うことで、魔法を通じて変化を起こすこともできる。

サイキック攻撃／Psychic attack
他者に危害を与える目的で向けられる負のエネルギーのこと。「呪術」や「呪い」など。今日ではまれだがゼロではない。

サイキズム／Psychism
霊性が目覚めている状態。

邪眼／Evil eye
他者に大きな危害を与えるとされる視線のこと。『サイキック攻撃』を参照。

シャトヤンシー／Chatoyancy
石の中に動きや光、虹色の乳白色を放つ特性。タイガーズアイ、キャッツアイ、ムーンストーン、サンストーンなど多くの石にこの現象が見られる。

シャーマン／Shaman
主に変性意識状態を通じて、地球だけでなく異次元の知識をも獲得した男性や女性のこと。この知識のおかげで、シャーマンは魔法で世界を変えることができる。かつては「呪術医」「妖術師」などと呼ばれ蔑まれていたが、伝統的なヒーリングや心理的および魔法的知識を持つ賢者として、再び尊敬を集めつつある。

シャーマニズム／Shamanism
シャーマン（『シャーマン』参照）を中心とした慣習。多くの場合は儀式的あるいは魔法的な性質を持ち、宗教的要素がある場合もある。

条線（ストライエーション）／Striations
クンツァイトなど特定の石に認められる美しい溝や線のこと。

深層意識／Deep consciousness
霊的精神のこと。

性機能障害／Sexual dysfunction
性行為不能あるいは持続できない、楽しむことができない状態のこと。

潜在意識／Psychic mind
霊的刺激を受信する場所。潜在意識は私たちが眠っているとき夢を見ているとき瞑想しているときに活動し、本能や直感をつかさどり、霊性を目覚めさせる。

大司祭／High priestess
ウイッカ（『ウイッカ』参照）における複数の試験（通常は3つ）に合格し、高い地位についた女性修行者のこと。

タリスマン／Talisman
特定の力やパワーを持ち主に引きつけるよう、魔法的エネルギーをチャージしたもののこと。『アミュレット』を参照。

チャージ／Charge
魔法のパワーを注入すること。一般的には、視覚化によってパワーをモノや場所に送り込むこと。

パワーバッグ／Power bag
シャーマン（『シャーマン』参照）のパワーの源泉。布や動物の皮などでできた袋で、水晶や石、ドラム、ラトルなどの魔法の道具が入れてある。

ペンデュラム／Pendulum
占いにおける道具のひとつで、水晶や植物の根、指輪などの重い物体に紐を取りつけたもの。平らな面で肘を固定し、紐の何もついていないほう

を手に持って質問をする。物体の揺れ方によって答えが分かる。これは潜在意識にアプローチする手段のひとつ。

ペンタグラム／Pentagram

五芒星。頂点のひとつを上に向けて描く。五感、元素（『元素』参照）、手、人間の体を象徴している。古バビロニア王国の時代から魔よけのシンボルとして用いられていたことが分かっている。今日においては、しばしばウイッカの象徴と考えられている。

魔法／Magic

ある目的に向けてエネルギーを高め凝縮して送る行為。未解明の自然の力を用い、必要な変化をもたらす技術。

魔法の儀式／Spell

魔法の儀式であり、本来は宗教とは関係なく、呪文を唱える行為を伴う場合が多い。

魔術／Witchcraft

術者の人生をよい方向へ導く、実践的かつ実用的な魔法のこと。ウィッチクラフトとウイッカはほとんど同じ意味で用いられ混乱を招くことが多い。自身を「魔女」と称する人は、ウイッカンではなく魔術師であることが多い。

瞑想／Meditation

黙想、熟考、内面を見つめること。ある事柄を深く考えたり思いをめぐらせたりする静かな時間のこと。

薬袋／Medicine bag

『パワーバッグ』を参照。

幽体離脱／Astral projection

肉体からから意識を切り離し、自在に動きまわること。

陽性のエネルギー／Projective energy

電撃的かつ活動的な、前向きの力。陽性のエネルギーには守護の効果がある。

陽の手／Projective hand

右利きの人にとっては右手。左利きの人にとっては左手。魔法のエネルギーは、この手を通じて体から放出される。

輪廻転生／Reincarnation

生まれ変わりの概念のこと。人間の姿に繰り返し生まれ変わることで、性や年齢を超越した魂に進化する現象。

ルーン文字／Runes

棒のような文字で、古代に使用されていたアルファベット。これらの文字は石に彫られたり描かれたりして、起こりうる未来の予測などに使われた。魔法にも使用され、長きにわたり魔力があると信じられていた。

参考文献

　本書の執筆にあたっては、できるかぎり完成度を高めるべく、数々の書籍を参考にしました。
　本書は私自身の実験や経験をもとに書き記したものです。親しい宝石職人や鉱石収集家、販売店の経営者、ウイッカンや魔術師の友人らから話を聞き、自分の足で集めた情報の裏づけをとるために連日連夜、棚に並んだ本や雑誌を読みあさりました。彼らの言葉だけが根拠とならないようにしたのです。可能であれば書籍情報についても専門家に確認をとりました。
　下記の書籍および雑誌記事は、私が参考にした代表例です。石の魔法についてより深く調べたい方は、これらの文献を読まれるとよいでしょう。
　それぞれについて、簡単な説明を添えてあります。
　もし読む機会があったら、どうぞ楽しんでください！

Adams, Evangeline
Astrology for Everyone. Philadelphia: Blakiston, 1931.
現代の占星学の先駆けとなる作品。誕生石については矛盾をはらみつつも、興味深い情報を掲載している。

Agrippa, Henry Cornelius
The Philosophy of Natural Magic. Antwerp, 1531. Reprint. Secaucus, N.J.: University Books, 1974.
このアグリッパの古典作品では、石に対応する惑星と、魔法的な使用方法を紹介している。

"Aima."
Perfumes, Candles, Seals, and Incense. Los Angeles: Foibles, 1975.
この本では1章にわたって、宝石の魔法的使用方法について優れた見解が述べられている。

Alderman, Clifford Lindsey

Symbols of Magic: Amulets and Talismans. New York: Julian Messner, 1977.

石に関する興味深い情報が記載されており、そのほとんどは定評のある典拠から抜粋したもの。

Banis, Victor

Charms, Spells and Curses for the Millions. Los Angeles: Sherbourne Press, 1970.

さまざまな典拠から得た石にまつわる伝承が随所に記載されている。

Bannerman-Phillips, E. Ivy A

Amulets and Birthstones: Their Astrological Significance. Los Angeles: Llewellyn, 1950.

あらゆる時代における、宝石にまつわる魔法や伝承が包括的にまとめられている。

Barrett, Francis

The Magus, or Celestial Intelligencer. London, 1801. Reprint. New York: University Books, 1967.

石の情報に関してはアグリッパの書籍とほとんど同じだが、こちらは石を元素に関連づけて紹介している。

Beckwith, Martha

Hawaiian Mythology. Honolulu: University Press of Hawaii, 1940. Reprint. Honolulu: University Press of Hawaii, 1979.

徹底的な調査をもとにしているこの本は、古代ハワイにおける石の神秘的用法やシンボリズムについても取り上げている。

Best, Michael R., and Frank H. Brightman（編）

The Book of Secrets of Albertus Magnus of the Virtues of Herbs, Stones and Certain Beasts. London: Oxford University Press, 1973.

読みやすく分かりやすい、偽アルベルトゥス・マグヌスの翻訳書。彼の原稿が初めて英語で出版されたのは1550年頃のこと。この本に記された石の魔法に関する情報は、多少風変わりな面もあるが役に立つものもある。とはいえ、これが400年以上も前に執筆されたことは、驚きと賞賛に値する。

Bowness, Charles

The Witch's Gospel. London: Robert Hale, 1979.

ジェットの魔法に関する情報が載っている。

Budge, E. A. Wallis

Amulets and Talismans. New Hyde Park, N.Y.: University Books, 1968.

魔法的なものに関する本としては古典といえるかもしれない。バッジの本は古代における石の魔法について丹念に調査がなされており、現代の著述家たちに多大な影響を与えた。この本とクンツの本、それにおそらくファーニーの本を合わせれば、魔法の石に関してはここに掲載したほかの文献をすべて合わせた以上の知識を得られるだろう。

Cirlot, J. E

A Dictionary of Symbols. New York: Philosophical Library, 1962.

化石、メテオライト、鉄、ゴールドなどのシンボリズムについて言及しており、魔法的用法についても示唆している。

Clifford, Terry

Curses. New York: Macmillan, 1980.

古代および現代における民間療法に関する詳しい記述があり、少しだが宝石やクリスタルに関する情報も掲載されている。

Coffin, Tristram P., and Henning Cohen（編）

Folklore in America. Garden City, N.Y.: Anchor, 1970.

鉄と指輪に関する情報が掲載されている。

Crow, W. B

Precious Stones: Their Occult Power and Hidden Significance. London: Aquarian Press, 1970.

惑星や神に関連する石の属性について興味深い内容が記されている。

Daniels, Cora Linn（編）

Encyclopedia of Superstitions, Folklore and the Occult Sciences of the World. 3 vols. Detroit: Gale Research Co., 1971.

石の魔法や伝承を扱った「ミネラルキングダム（鉱物の王国）」という章が秀逸。

De Lys, Claudia

A Treasury of American Superstitions. New York: Philosophical Library, 1948.
『アメリカの迷信さまざま』(クローディア・ドリス著、北星堂書店、1962年)
「アイズ・オブ・ザ・ゴッズ(神々の目)」という短い章に、宝石や魔法に関する記述がある。

Eichler, Lillian

The Customs of Mankind. Garden City, N.Y.: Doubleday, 1924.
鉄と魔法的な関連があるものが紹介されている。

Eliade, Mircea

Images and Symbols: Studies in Religious Symbolism. New York: Sheed & Ward, 1961.
『エリアーデ著作集 第4巻 イメージとシンボル』(ミルチャ・エリアーデ著、せりか書房、1988年)
神話や儀式におけるコーラル(珊瑚)の使用について記されている。

Elkin, A. P

The Australian Aborigines. New York: Doubleday, 1964.
アボリジニーの水晶の使い方に関する情報が掲載されている。

Evans, Joan

Magical Jewels of the Middle Ages and the Renaissance. 1922. Reprint. New York: Dover, 1976.
古代から18世紀にわたる魔力のある宝石について、学術的な検証を行っている。興味深い内容だがラテン語やギリシア語、フランス語、さらにはスペイン語古文で書かれた文章が多い。

Fernie, William T

The Occult and Curative Powers of Precious Stones. 1907. Reprint. New York: Harper & Row, 1973.
こちらも基礎的な1冊。情報のまとめ方はいまひとつだが、多くの石が網羅されている。ファーニーが紹介する情報の多くは、中世およびルネッサンス期の手稿から抜粋したものなので、ほかでは入手不可能。ただし、クンツの書籍は例外かもしれない。

Fielding, William J

Strange Superstitions and Magical Practices. New York: Blakiston, 1943.
センセーショナルな題名のフィールディングの書。宝石の魔法や民族魔術について述べた章が秀逸。

Frazer, James

The Golden Bough: A Study in Magic and Religion. New York: Macmillan, 1956.
『金枝篇』(ジェームズ・フレイザー著、岩波文庫ほか、1966年)
儀式における石の使用方法について触れられている。

Ghosn, M. T

Origin of Birthstones and Stone Legends. Lomita, Calif.:Inglewood Lapidary, 1984.
石の展示会で見つけた本。宝石の魔法や伝承についてまとめた良書。

Giles, Carl H., and Barbara Ann Williams

Bewitching Jewelry: Jewelry of the Black Art. Cranbury, N.J.: A.S. Barnes, 1976.
この不思議な本には、オカルト的な宝飾品全般について述べた章があるほか、宝石とその魔力に関する短いリストも掲載されている。

Gleadow, Rupert

The Origin of the Zodiac. New York: Atheneum, 1968.
複数の異なるシステムを比較しながら、星座ごとの誕生石について考察した章がある。

Gregor, Arthur S

Amulets, Talismans and Fetishes. New York: Scribner's, 1975.
「若い読者」のために執筆された本で、アミュレットやタリスマンとして使用された石の魔法に関する情報がふんだんに盛り込まれている。

Hand, Wayland, Anna Cassetta, and Sondra B. Theiderman (編)

Popular Beliefs and Superstitions: A Compendium of American Folklore. 3 vols. Boston: G. K. Hall, 1981.
この立派な全集には、石、岩、宝石にまつわる民間伝承、儀式、魔法が多数収録されている。

Harner, Michael

The Way of the Shaman. New York: Harper & Row, 1980.
『シャーマンへの道――「力」と「癒し」の入門書』(マイケル・ハーナー著、平河出版社、1989年)
シャーマニズムについて紹介しており、水晶に関する記述がある。

Harvey, Anne

Jewels. New York: Putnam's, 1981.
宝石の伝説・伝承を扱った、魅力的で美しい図説。

Hayes, Carolyn H

Pergemin: Perfumes, Incenses, Colors, Birthstones, Their Occult Properties and Uses. Chicago: Aries Press, 1937.
石の魔法的用法について述べた章が秀逸。また誕生石についても少し触れている。

Hodges, Doris M

Healing Stones. Perry: Pyramid Publishers of Iowa, 1961.
16種類の宝石の神話的および魔法的背景について、それぞれ調査した短い章がある。

Isaacs, Thelma

Gemstones, Crystals and Healing. Black Mountain, N.C.: Lorien House, n.d.
石の魔術に関する名著。特にヒーリングの特性について詳しく述べられている。

Kapoor, Gouri Shanker

Gems and Astrology: A Guide to Health, Happiness and Prosperity. New Delhi, India: Ranjan Publications, 1985.
占星術、ヒーリングに注目しつつ、古代および現代インドにおける宝石の魔法について現代的な調査を行っている。

Kenyon, Theda

Witches Still Live. New York: Ives Washburn, 1929.
伝承や魔法を集めた楽しい一冊。石にまつわる伝承も少し紹介されている。

Krythe, Maymie

All About the Months. New York: Harper & Row, 1966.

暦にまつわる伝承をまとめたすばらしい概論。誕生石に関する記載がある。

Kunz, George Frederick

The Curious Lore of Precious Stones. Philadelphia: Lippincott, 1913, 1941. Reprint. New York: Dover, 1977.

『図説　宝石と鉱物の文化誌』（ジョージ・フレデリック・クンツ著、原書房、2011年）

こちらも古典といえる作品。クンツの書籍は宝石の魔法を学んでいる人や実践している人が、真っ先に参照するものである。この本は数多くの古代書籍や手記から情報を集めている。蛇足だが、本書でも紹介しているクンツァイトはミスター・クンツに敬意を表して名づけられた石である。

Kunz, George Frederick

Rings for the Finger. 1917. Reprint. New York: Dover, 1973.

歴史における指輪に関して丹念に調査した一冊。魔法やヒーリングの指輪について、2章にわたって考察している。

Lame Deer, John [Fire], and Richard Erdoes

Lame Deer, Seeker of Visions. New York: Quokka, 1978.

『インディアン魂——レイム・ディアー　上・下』（ジョン・ファイアー・レイム・ディアー／リチャード・アードス著、河出書房新社、1998年）

スー族にとってのパイプストーンのシンボリズムについて考察している。

Leach, Maria（編）

Standard Dictionary of Folklore, Mythology and Legend. New York: Funk & Wagnalls, 1972.

石にまつわる伝承や魔法の情報を豊富に収録したすばらしい辞書。

Leland, Charles Godfrey

Etruscan Magic and Occult Remedies. New Hyde Park, N.Y.: University Books, 1963.

リードの占いや予見などについて考察した魅力的な作品。

Masse, Henri

Persian Beliefs and Customs. New Haven: Human Relations Area Files, 1954.
不思議なほどよくまとまった文献で、岩石に関する魔法が掲載されている。

Maple, Eric

Superstition: Are You Superstitious? Cranbury, N.J.: A.S. Barnes, 1972.
石の魔法について少し記載がある。

Mella, Dorothee L

Stone Power: The Legendary and Practical Use of Gems and Stones. Albuquerque, N. Mex.: Domel, 1976.
『あなたの魅力を引き出す宝石パワーの活用術』(ドロシー・L・メラ著、中央アート出版社、1993年)
宝石の魔法が今日のように注目されるきっかけとなった先駆け的作品。入門書に最適。改訂版であるStone Power IIも出版されている。

Paulsen, Kathryn

The Complete Book of Magic and Witchcraft. New York: Signet, 1971.
こちらも、さまざまな古代書籍からの抜粋をまとめたもの。数々の石とその魔法的使用方法が記載されている。

Pavitt, William

The Book of Talismans, Amulets and Zodiacal Gems. 1914. Reprint. No. Hollywood: Wilshire, 1970.
この本には1節にわたって宝石に関する優れた記載がある。背や背表紙に著者として記載されている名前は「ウィリアム・パビット」だが、実際の作者はウィリアム・トーマスとケイト・パビットのようである。

Pearl, Richard M

How to Know the Minerals and Rocks. New York: McGraw-Hill, 1955.
125に及ぶ宝石、鉱石、岩石について魔法的ではない観点から解説している。

Pliny the Elder [Caius Plinius Secundus]

Natural History. Cambridge: Harvard University Press, 1956.
『プリニウスの博物誌』＜全6巻＞(プリニウス著、雄山閣、2012年)

紀元1世紀のローマで行われていた石の魔法を多数紹介した名著。多くの本で頻繁に引用されている。大プリニウスは懐疑的な立場をとっているが、古い魔法信仰についても克明な記述がある。

Randolph, Vance

Ozark Superstitions. New York: Cambridge University Press, 1947.

オザーク高原に住む人々の指輪やアクセサリーへの信仰について記されている。

Raphael, Katrina

Crystal Enlightenment: The Transforming Properties of Crystals and Healing Stones Vol.1. New York: Aurora Press, 1985.

『クリスタル・エンライトンメント』(カトリーナ・ラファエル著、和尚エンタープライズジャパン、1992年)

石の信仰に関する書籍で、実践的かつ一貫した情報を紹介している。ただ一部は「意図的」なものを感じる。

Raphael, Katrina

Crystal Healing: The Therapeutic Application of Crystals and Stones Vol. 2. New York: Aurora Press, 1987.

『クリスタル・ヒーリング』(カトリーナ・ラファエル著、和尚エンタープライズジャパン、1992年)

この本もまた「意図的」な部分が感じられる。読み物としては面白いが、私にはやや無理があるように思えた。本書ではチャクラを活性化させるために、体の上に直接石を置くという興味深い方法も紹介されている。(蛇足だがタイトルにあるVol～は無視してかまわない。この本のVol 1もVol 2も存在しない)

Richardson, Wally, Jenny Richardson, and Leona Huett

Spiritual Value of Gemstones. Marina del Rey, Calif.: Devorss, 1980.

この本も「意図的」なものが感じられる1冊。著者が無意識に性差別的な表現を使っているために、残念ながら本の価値が台無しになってしまってはいるが、石に関するすばらしい情報が掲載されている。

Schmidt, Phillip

Superstition and Magic. Westminster, Md.: Newman Press, 1963.

この著者は魔法を嫌悪しているが、それに目をつむれば、イエズス会の修道士が執筆した本として、宝石の魔法に関する秀逸な記載がある。

"Seleneicthon."
Applied Magic. Hialeah, Fla.: Mi-World, n.d.
石と惑星の関連について記されている。

Shah, Sayed Idries
The Secret Lore of Magic. New York: Citadel, 1970.
古代黒魔術のマニュアル集。宝石と関連する惑星の情報が紹介されている。

Sharon, Douglas
Wizard of the Four Winds: A Shaman's Story. New York: Free Press, 1978.
執筆当時のペルーのシャーマンたちが、どのように水晶や彫刻を施した石を使用していたかを紹介している。

Silbey, Uma
The Complete Crystal Guidebook. New York: Bantam Books, 1987.
水晶に関する研究書としては、1、2を争う名著。「驚くべき新事実」とかアトランティスなどに関する憶測の域を出ない情報に惑わされることなく、簡潔で申し分のない実践的情報が掲載されている。数多くの礼拝や儀式を紹介することで、読者にクリスタルのパワーを教えてくれる。必読の書！

Simpson, Jacqueline
Folklore of Sussex. London: B. T. Batsford, 1973.
穴あき石について考察している。

Smith, Michael G
Crystal Power. St. Paul, Minn.: Llewellyn Publications, 1984.
この興味深い本には、さまざまな水晶の使い方が紹介されている。

Stein, Diane
The Women's Spirituality Book. St. Paul, Minn.: Llewellyn Publications, 1987.
水晶やそのほかの石に関する章は、石の魔術入門書として最適。

Thomson, H. A
Legends of Gems: Strange Beliefs Which the Astrological Birthstones Have Collected Through the Ages. Los Angeles: Graphic Press, 1937.

伝統的な初期の石の魔法についてまとめた興味深い1冊。誕生石について特に詳しく記されている。

Thompson, C. J. S

The Mysteries and Secrets of Magic. New York: Olympia Press, 1972.

「マジカルリング」「マジック・イン・ジュエルズ」というタイトルの章があり、質の高い古代の情報が多数掲載されている。

Toor, Frances

A Treasury of Mexican Folkways. New York: Crown, 1973.

短い節だが、メキシコ人シャーマンの水晶の使用方法について幅広く考察している。

Underhill, Ruth

The Papago Indians of Arizona. A publication of the Branch of Education, Bureau of Indian Affairs, Department of the Interior, n.d.

1940年代に印刷されたと思われるこの小冊子では、パパゴシャーマンの水晶の使用方法について紹介している。

Uyldert, Mellie

The Magic of Precious Stones. Wellingborough, England: Turnstone Press, 1981.

宝石の伝承と魔法についてまとめた良書。内容は平易ではないが、オランダ語から翻訳されたことを考えると驚くほど読みやすい。

Verrill, A. Hyatt

Minerals, Metals and Gems. New York: Grossett & Dunlap, 1939.

鉱石世界への、非魔法的入門書。

Villiers, Elizabeth

The Book of Charms. London, 1927. Reprint. New York: Simon & Schuster, 1973.

改訂された現代版には「石、宝石、ビーズ」という章があり、良質な魔法の情報を抜粋し掲載している。

Walker, Barbara

The Woman's Encyclopedia of Myths and Secrets. New York: Harper & Row, 1983.

『神話・伝承事典——失われた女神たちの復権』（バーバラ・ウォーカー著、大修館書店、1988年）
神々や惑星に関連した石やメタルを紹介している。

Wright, Elbee／エルビー・ライト
Book of Legendary Spells. Minneapolis, Minn.: Marlar Publishing, 1974.
宝石とその魔法的特性がアルファベット順に掲載されている。

閲覧した出版物
Archaeology
A Pagan Renaissance
Circle Network News
Lapidary Journal
National Geographic
The Los Angeles Times
The San Diego Union

■著者紹介
スコット・カニンガム
スコット・カニンガムは自然のパワーによる魔法を20年以上も実践していた。フィクションやノンフィクションなど、30点を超える著書を執筆しており、その大半がルウェリン・パブリケーションズから出版されている。ニューエイジの分野では極めて高く評価されており、その著書は同分野の幅広い興味や関心を反映している。1993年3月28日没。著書に『願いを叶える魔法のハーブ事典』『願いを叶える魔法の香り事典』『魔女の教科書』(パンローリング)など。

■訳者紹介
白井美代子(しらい・みよこ)
フィクション、実用書など幅広く翻訳・編集業務に携わる。訳書に『ぼくが猫の行動専門家になれた理由』『願いを叶える魔法の香り事典』(パンローリング)などがある。

2016年3月3日 初版第1刷発行

フェニックスシリーズ㉝

願いを叶える魔法のパワーアイテム事典
――113のパワーストーンと16のメタルが生み出す地球の力

著 者	スコット・カニンガム
訳 者	白井美代子
発行者	後藤康徳
発行所	パンローリング株式会社
	〒160-0023 東京都新宿区西新宿7-9-18-6F
	TEL 03-5386-7391 FAX 03-5386-7393
	http://www.panrolling.com/
	E-mail info@panrolling.com
装 丁	パンローリング装丁室
印刷・製本	株式会社シナノ

ISBN978-4-7759-4152-2

落丁・乱丁本はお取り替えします。
また、本書の全部、または一部を複写・複製・転訳載、および磁気・光記録媒体に入力することなどは、著作権法上の例外を除き禁じられています。

©Pan Rolling 2016 Printed in Japan

好評発売中

スコット・カニンガム シリーズ

願いを叶える 魔法のハーブ事典
ISBN 9784775941294
定価：本体 1,800円＋税

ハーブの総数、400種類以上!!
（支配惑星、支配元素、ジェンダー分類付き）

願いを叶える 魔法の香り事典
ISBN 9784775941515
定価：本体 1,800円＋税

香りのレシピ約300種類
（インセンス、オイル、バスソルトetc）

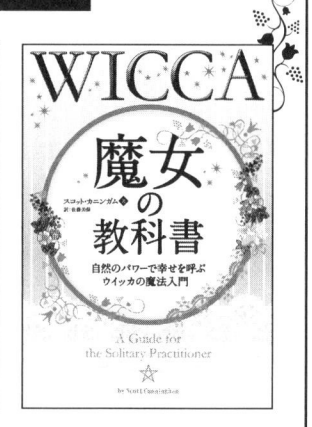

魔女の教科書
ISBN 9784775941362
定価：本体 1,500円＋税

スコット・カニンガム入門書
ナチュラルパワーの総集編

カルペパー ハーブ事典

ニコラス・カルペパー【著】
ISBN 9784775941508　672ページ
定価：本体価格 3,000円＋税

『THE COMPLETE HERBAL』
ニコラス・カルペパー 伝説の書
ついに初邦訳!!

ハーブ、アロマ、占星術、各分野で待望の歴史的書物。ハーブの特徴・支配惑星をイラストと共に紹介。

付録として前著であるEnglsh Physician（一部抜粋）も加え、全672ページ、全ハーブタイトル数329種の大ボリュームで登場。

672頁 329種
17世紀より読み継がれた伝説の書
心理占星術研究家 **鏡リュウジ**氏 推薦

好評発売中

アニマルスピーク
守護動物「トーテム」のメッセージで目覚める本当のあなた

テッド・アンドリューズ【著】
ISBN 9784775941249　320ページ
定価：本体価格 1,800円＋税

悩み、壁に立ち向かうためのスピリットガイド。守護動物を見つけるには？

- ◆昔から気になっている動物は？
- ◆動物園に行ったらいちばんに見たい動物は？
- ◆屋外でよく見かける動物は？
- ◆いちばん興味のある動物は？
- ◆自分にとって、いちばん怖い動物は？
- ◆動物に噛まれたり、襲われたりした経験は？
- ◆動物の夢を見ることはあるか？

マイケル・ニュートンの世界

死後の世界が教える「人生はなんのためにあるのか」

ISBN 9784775941133
定価：本体価格 2,000円＋税

全米30万部ベストセラー
この人生は、自分で選んだものだった！
生まれ変わりは何のために起きるのか？
死後の世界で何が起きるのか？

死後の世界を知ると人生は深く癒される

ISBN 9784775941232
定価：本体価格 2,000円＋税

退行催眠67ケースから分かった魂の誕生、記憶、そして運命。死は果てしなく続く生の通過点にすぎない。ついに明らかになった「生と生の間」の全容とは

100 のパワーストーン／メタル

Crystal&Gem

※本文で紹介したすべての種類を網羅していません。
また未解説の鉱石が混じっている種類もあります。

バンデッドアゲート
■ AGATE, BANDED

アクアマリン
■ AQUAMARINE

ブラックアゲート
■ AGATE, BLACK

穴あき石／アゲート
■ HOLEY STONE, AGATE

アゲート／カーネリアン
■ AGATE, CARNELIAN

アズライト（藍銅鉱）
■ AZURITE

アンバー（琥珀）
■ AMBER

エメラルド
■ EMERALD

アパッチティアーズ
■ APACHE TEAR

アベンチュリン
■ AVENTURINE

アマゾナイト
■ AMAZONITE

アメジスト
■ AMETHYST

ウレキサイト
ULEXITE

オブシディアン
OBSIDIAN

ボルダーオパール
OPAL, BOULDER

オニキス
ONYX

オパール
OPAL

レッドガーネット
GARNET, RED

ガーネット
GARNET

カーネリアン
CARNELIAN

カルサイト
（方解石）
CALCITE

カイヤナイト
KYANITE

シダ化石
FOSSIL, FERN

オルソセラス化石
FOSSIL, ORTHOCERAS

アンモナイト化石
FOSSIL, AMMONITE

サンドカルサイト
CALCITE, SAND

コバルトカルサイト
CALCITE, COBALTIAN

キャストライト
（クロスストーン）
CROSS STONE

カルセドニー（玉髄）スタラクタイト
CHALCEDONY, STALACTITE

トルマリン／キャッツアイ
CAT'S-EYE, TOURMALINE

カルセドニー（玉髄）
CHALCEDONY

クリソプレーズ
CHRYSOPRASE

クリソコラ
CHRYSOCOLLA

クンツァイト
KUNZITE

コーラル（珊瑚）
CORAL

サファイア
SAPPHIRE

サルファー
SULFUR

ジェイド（翡翠）
JADE

ジェット
JET

ジオード（晶洞）
GEODE

シトリン
CITRINE

シトリンクラスター
CITRINE CLUSTER

レッドジャスパー
JASPER, RED

ジャスパー
JASPER

スモーキークォーツ
■ CRYSTAL QUARTZ, SMOKY

トルマリンインクォーツ
■ CRYSTAL QUARTZ, TOURMALATED

水晶
■ CRYSTAL QUARTZ, CLUSTER

ローズクォーツ
■ CRYSTAL QUARTZ, ROSE

ルチルインクォーツ
■ CRYSTAL QUARTZ, RUTILATED

ジルコン
■ ZIRCON

セレスタイト
■ CELESTITE

スギライト
■ SUGILITE

ソーダライト
■ SODALITE

スフェーン
■ SPHENE

スピネル
■ SPINEL

スタラクタイト アポフィライト
■ STALACTITE, APOPHYLLITE

ソルト（岩塩）
SALT, HALITE

トパーズ
TOPAZ

タイガーズアイ
TIGER'S-EYE

ターコイズ
TURQUOISE

ハーキマーダイヤモンド
DIAMOND, HERKIMER

ダンビュライト
DANBURITE

ブラックトルマリン
■ TOURMALINE, BLACK

**インディゴライト
トルマリン**
■ TOURMALINE, INDICOLITE

ピンクトルマリン
■ TOURMALINE, PINK

ウォーターメロントルマリン
■ TOURMALINE, WATERMELON

パイプストーン
■ PIPESTONE

ルベライトトルマリン
■ TOURMALINE, RUBELLITE

- ブラッドストーン BLOODSTONE
- フリント FLINT
- パミス（軽石） PUMICE
- フローライト FLUORITE
- バナディナイト VANADINITE
- グリーンフローライト FLUORITE, GREEN

ペトリファイドウッド
■ PETRIFIED WOOD

フローライト
（八面体）
■ FLUORITE, OCTAHEDRON

ヘマタイト
■ HEMATITE

ペリドット
■ PERIDOT

パープル
フローライト
■ FLUORITE, PURPLE

フローライト
（中国産）
■ FLUORITE, CHINESE

ベリル/ヘリオドール
■ BERYL, HELIODOR

マーブル
■ MARBLE

グリーンマーブル
■ MARBLE, GREEN

マイカ/バイオタイト
■ MICA, BIOTITE

マイカレピドライト
■ MICA, LEPIDOLITE

ムーンストーン
■ MOONSTONE

マラカイト
■ MALACHITE

ロードナイト
■ RHODONITE

ラピスラズリ
- LAPIS LAZULI

ラピスラズリ
原石
- LAPIS LAZULI, ROUGH

ロードクロサイト
スタラクタイト
- RHODOCHROSITE, STALACTITE

ロードクロサイト
- RHODOCHROSITE

ルビー
- RUBY

ルビー
インカルサイト
クラスター
- RUBY, EMBEDDED IN CALCITE

Metal

コッパー（銅）
■ COPPER

自然銅
■ COPPER, RAW

パイライト キューブ
■ PYRITE, CUBE

シルバー（銀）
■ SILVER

パイライト（黄鉄鉱）
■ PYRITE

メテオライト（隕石）
■ METEORITE

本書の改訂版に掲載するカラー写真用に石を提供してくれた
ミーガン・ミリスに、特別な感謝を捧げます。